アンソロジー

子どものための

# 少年詩集

2022

銀の鈴社

全国各地で少年詩を創作している詩人たちの応募作品の中から、「子どもにもわかる言葉で書かれた文学性の高い詩作品」を選定し発表しているアンソロジーです。
一九八四年から年刊「現代少年詩集」として二十年間継続してまいりました。二〇〇四年より「子どものための少年詩集」と改題し、新たな体制で少年詩のより一層の普及と質的向上をめざしています。

子どものための少年詩集編集委員会

今期委員　佐々木豊（児童詩教育者・太成学院大学人間学部教授）
根本正義（児童文学研究者・東京学芸大学名誉教授）
藤井則行（詩人）
星乃ミミナ（詩人）
横山悦子（児童詩教育者・川村学園女子大学教育学部教授）
（五十音順）
西野真由美（銀の鈴社　取締役編集長）
柴崎俊子（銀の鈴社　取締役会長）

# 目次

子どものための
# 少年詩集

2022

# 白鳥《ハクチョウ》

相川　修一

朝《あした》に
白鳥《ハクチョウ》は
くおくおと
鳴《な》き渡《わた》って行《ゆ》く

夕《ゆうべ》に
白鳥《ハクチョウ》は
くおくおと
鳴《な》き渡《わた》って来《く》る

秋深《あきふか》く
白鳥《ハクチョウ》は
しみじみと
鳴《な》き渡《わた》って来《く》る

春浅《はるあさ》く
白鳥《ハクチョウ》は
知《し》らない国《くに》へ
鳴《な》き渡《わた》って行《ゆ》く

詩人名（読み仮名）　あいかわしゅういち

## 五次元《ごじげん》の富士《ふじ》　あいこ

46での富士《ふじ》は　7合目《ごうめ》で台風下山《たいふうげざん》
あれから20数年《すうねん》
思《おも》い残《のこ》すことは
自《みずか》らの手《て》で〝良《よ》し!!〟と変《か》える

2年前《ねんまえ》よりコロナ解除《かいじょ》の合間《あいま》に
摩耶山《まややま》・六甲《ろっこう》と足《あし》ならし
昨年《さくねん》7月《がつ》　やっと5合目《ごうめ》に
快晴《かいせい》の空《そら》　一面《いちめん》オンタデの
淡《あわ》い可憐《かれん》な黄色《きいろ》の花《はな》に迎《むか》えられた
最短《さいたん》ルートの休憩《きゅうけい》で見《み》る山《やま》の景色《けしき》

---

水蒸気《すいじょうき》の雲《くも》がサァーと沸《わ》く
ぽっかりあいた青空《あおぞら》の下《した》に
丸《まる》い白波《しらなみ》が、幾重《いくえ》にも重《かさ》なり
山《やま》に　海《うみ》をみた

9合目《ごうめ》　三人《さんにん》での夕食《ゆうしょく》のカレー
早朝《そうちょう》　一筋《ひとすじ》の光《ひかり》が山《やま》の端《は》に現《あらわ》れ
その核《かく》から　強《つよ》く!　白《しろ》く!
放射状《ほうしゃじょう》に光《ひかり》を発《はっ》し　太陽《たいよう》が　でた
　その下《した》に　今《いま》　私《わたし》はいる
　この一瞬《いっしゅん》の思《おも》いの粒《つぶ》も　私《わたし》だ
四次元《よじげん》の中《なか》に　五次元《ごじげん》が生《う》まれた

# 花《はな》

あかし　けい子

花《はな》は想《おも》う
私《わたし》は　ただこうして
咲《さ》くことしか出来《でき》ないと

花《はな》は願《ねが》う
私《わたし》は　動《うご》けないから
虫達《むしたち》に
蜜《みつ》を採《と》りに来《き》てほしいと
鳥達《とりたち》に
花粉《かふん》を運《はこ》んでほしいと

どんなに嵐《あらし》が来《き》たとしても
私《わたし》は　ただここで

咲《さ》くことしか出来《でき》ないから

花《はな》は祈《いの》る
人《ひと》が私《わたし》を見《み》て
微笑《ほほえ》んでくれることを
その先《さき》に　幸《しあわ》せが
待《ま》っていてくれることを

あかしけいこ

# 旅人《たびびと》

赤劍　隆志

この広《ひろ》い草《くさ》むらをさまよう
きみにゆられて
どこまでも
いま、ひとつの線《せん》になって
いま、ひとつの線《せん》になって
そよぐたてがみの
おもむくままに

この黒《くろ》い夜空《よぞら》にむかう
きみと息《いき》を合《あ》わせて
いつまでも
さあ、ひとつの線《せん》になって
さあ、ひとつの線《せん》になって

まばたきする星々《ほしぼし》の
きらめくままに

あの白《しろ》い日《ひ》の光《ひかり》にむかう
きみとぬくもりを重《かさ》ねて
これからも
行《ゆ》け！ひとつの線《せん》になって
行《ゆ》け！ひとつの線《せん》になって
ぼくときみは
大《おお》きな旅人《たびびと》
気《き》のむくままに

あかはねたかし

# ないしょのなみだ

あさお　みほ

学校《がっこう》で　ひどいこと
いわれた帰《かえ》りみち
大《おお》きなまぁるい
つつじの木《き》のかげで
ひとり泣《な》いた
雨雲《あまぐも》のどんよりした
黒《くろ》い空《そら》から
なまぬるい風《かぜ》がふき
はなの赤《あか》とかおりが
私《わたし》をつつんだ
ぽつん　ぽつん
雨《あめ》がふりだした
顔《かお》を空《そら》にむける

雨《あめ》がなみだを流《なが》していく
泣《な》いたこと
雨《あめ》はないしょにしてくれる
はやくかえろ
なんにも　なかったことにして

あさおみほ

# おとうちゃんとうめ

あずま　輝子

朝《あさ》　おとうちゃんとさんぽした
大《おお》きなおうちのそばで
おとうちゃんがあしをとめた
「うめの花《はな》がきれいやなあ」
「ほんまや」
へいのないにわのおくに
ピンクのうめの花《はな》が
いっぱいみえた
ここまでとってもいいにおい
もうすぐ春《はる》ですよ　と
ふたりにはなしかけてくれた
みたい
おとうちゃんが

「びょういんのおかあちゃんに
みせたいなあ
春《はる》にはたいいんできるんかなあ」
わたしもおんなじこと
かんがえてた。

あずまてるこ

# あれこれそれ　そして決断《けつだん》

あべ　こうぞう

あれはだめ？　これは？それは？
あれもだめ？　これも？それも？

あれはどう？　これは？それは？
あれもどう？　これも？それも？

あれにする？　これに？それに？

あれでいい？　あれがいい？
これでいい？　これがいい？
それでいい？　それがいい？

なかなかなかなか　決《き》まらない

なかなかなかなか　決《き》められない

あれがいい！　あれにする！
　あれでいい！
これがいい！　これにする！
　これでいい！
それがいい！　それにする！
　それでいい！

やっと決《き》まった！　決《き》められた！
　決断《けつだん》って苦《くる》しく　しんどいなー
決《き》めたからには　迷《まよ》いはないさ！
自信《じしん》だ！

あべこうぞう

# お日《ひ》様《さま》三人《さんにん》

網野　秋

夕日《ゆうひ》とはすぐ友《とも》だちになれるな
夕日《ゆうひ》はぼくの顔《かお》と
同《おな》じ高《たか》さにあるから
ほほ笑《え》み合《あ》いやすいもん
それに夕日《ゆうひ》の眼差《まなざ》しって優《やさ》しいも
ん

でもね、真昼《まひる》のお日様《ひさま》とは
友《とも》だちになりにくいな
あんまり高《たか》い所《ところ》にいるから
う~んと顔《かお》を上《あ》げなきゃ
見《み》ることできないもん
（顔《かお》を上《あ》げ続《つづ》けると　首《くび》が疲《つか》れち
ゃう）
それに真昼《まひる》のお日様《ひさま》の眼差《まなざ》しは
立派《りっぱ》だけど　まぶし過《す》ぎ
まともに見《み》ると
目《め》がつぶれそうになっちゃう

やっぱりぼくの友《とも》だちは夕日《ゆうひ》さん

で、朝日《あさひ》さんはどうなの？って
それは、その……
朝日《あさひ》さんが出《で》るときは
ぼく、まだベッドの中《なか》
ごめんね、朝日《あさひ》さん

あみのあき

# ゆずの木《き》

イイジマ　ヨシオ

雨《あめ》は　ゆずの木《き》を　ぬらしていた
あまがえるは
葉《は》に　すわりこんでいる
目《め》を閉《と》じ
ゆずの葉《は》に
なってしまったかのように
うごかない

つらく　悲《かな》しいとき
あまがえるのように
雨《あめ》のなか
じっと
していられるだろうか

---

枝《えだ》の　するどいとげは
ひとりぼっちの　悲《かな》しみ
雨《あめ》は　一週間《いっしゅうかん》ふりつづいている

いいじまよしお

# アジサイの寺《てら》

板倉　洋子

アジサイの寺《てら》に　青《あお》い花《はな》
紅《くれない》の花《はな》　ほのかに白《しろ》い花《はな》
崖《がけ》のアジサイは　青《あお》ざめた
まりのような　面《おも》ざしの
聖歌隊《せいかたい》
みな　歌《うた》っている
地面《じめん》に　根《ね》をはり
土《つち》から　養分《ようぶん》を吸《す》い上《あ》げ
咲《さ》いている

アジサイの歌《うた》
七色《なないろ》の歌《うた》
雨《あめ》の中《なか》に　夜明《よあ》けに

崖《がけ》のアジサイは　青《あお》ざめた
まりのような　面《おも》ざしで
みな　歌《うた》っている

崖《がけ》に陽《ひ》が射《さ》して　下《お》りてくるとき
アジサイの童子《どうじ》たちも下《お》りてきて
明《あか》るんだ声《こえ》を　ひびかせ
のどいっぱいに
歌《うた》っている

いたくらようこ

## なる　糸永　えつこ

おたまがえるは　おにいちゃん
おたまじゃくしの　おにいちゃん
おたまじゃくしに　足二本《あしにほん》
だけど　まだまだ小《ちい》さくて
しっぽをふりふり　泳《およ》ぎます

かえるじゃくしは　おにいちゃん
おたまがえるの　おにいちゃん
おたまがえるに　手《て》も二本《にほん》
まだまだ　うまくはないけれど
かえる泳《およ》ぎで　泳《およ》ぎます

かえるじゃくしのしっぽが消《き》えて
両手両足《りょうてりょうあし》　ふんばれば
りっぱな大人《おとな》に　なりました
おたまもじゃくしも　なくなって
かえるになって　跳《と》んでった

いとながえつこ

# 桜《さくら》の花《はな》の散《ち》る前《まえ》に

井上　和子

待《ま》ちにまってた
春《はる》がきたね
山《やま》のふもとの　桜《さくら》の花《はな》が
あちこち咲《さ》いて　あちこち咲《さ》いて
私《わたし》の心《こころ》も　うきうきしてる

知《し》らない人《ひと》には
教《おし》えてあげてね
ピッピッピッって　歌《うた》ってる
小鳥《ことり》が一番《いちばん》の　案内役《あんないやく》だよ
なんてきれいな　声《こえ》でしょう

やがて花《はな》びら　風《かぜ》に舞《ま》い
ピンクの絨緞《じゅうたん》　しきつめる
みんなでお花見《はなみ》　しましょうね
みんなでお話《はなし》　しましょうね
桜《さくら》の花《はな》の散《ち》る前《まえ》に

いのうえかずこ

# きみにも　井上　良子

きみのむねにも
ただただあるだけの
ふしぎなしるし
なんでしょう

よろこびにわいて
おとこのこも
おんなのこも
うまれたときから
くすっと　あるでしょう
あなたのむねの乳《ちち》かざり

人《ひと》として生《い》きぬくあいだに
母性《ぼせい》の鈴《すず》が
そのひろいむねのうちに
ずっと
ずっと
ひびきわたっているから
わすれないで聴《き》いていて

きみはひとつの愛《あい》
きみがセカイを
美《うつく》しくするように
鳴《な》っている

いのうえよしこ

## ねこじゃらし

いのまた　みちこ

耳《みみ》をすませば　きこえる　かすか
に
ねこじゃらしの　風《かぜ》にそよぐ音《おと》
大地《だいち》いちめんを　おおって奏《かな》でる
ねこじゃらしの　うたのハーモ
ニー

ネコたちが　じゃれて　あそんで
いる
旋律《せんりつ》は　クレッシェンドから　デ
クレッシェンドへ

わたしの　悲《かな》しみと怒《いか》りが　消《き》え
る
そして　あたらしく　よみがえる

# ヒヨドリがやってきた　今井　典子

「ギャアー」
「ギャアー」
何《なに》か事件《じけん》？　こんな夜明《よあ》けに！
急《いそ》いで窓《まど》をあけて　外《そと》を見《み》わたす
絶叫《ぜっきょう》の主《ぬし》は　ヒヨドリ
三羽《さんわ》ならんで　塀《へい》に止《と》まっている

一ばん体《からだ》の小《ちい》さなヒヨドリが
今《いま》にも顎《あご》がはずれるほど　口《くち》を開《あ》けて騒《さわ》いでいる
次《つぎ》の瞬間《しゅんかん》　三羽《さんわ》が千両《せんりょう》の枝《えだ》に止《と》まり　赤《あか》い実《み》をついばむ
休《やす》むことなく　枝《えだ》から枝《えだ》へ

大変《たいへん》!!　すぐに園芸用《えんげいよう》の網《あみ》ですっぽりと　千両《せんりょう》の木《き》を包《つつ》んだ
毎日《まいにち》　数回《すうかい》　ヒヨドリたちがやってきて　ヒヨドリ語《ご》ではなす
「ヒャー　ヒャー　ビィチクリ」
お正月《しょうがつ》　赤《あか》くたわわに実《みの》った千両《せんりょう》を　緑《みどり》の花《か》びんに生《い》けた

網《あみ》をとりはずす
一夜《いちや》にして　千両《せんりょう》の実《み》が消《き》えた
南天《なんてん》　ろう梅《ばい》の花弁《はなびら》も香《かお》りを庭《にわ》に残《のこ》して　ヒヨドリたちがあそぶ
次《つぎ》は　花《はな》みずきのツボミかな……

いまいのりこ

## 大人《おとな》になれば大丈夫《だいじょうぶ》♪

うめさわ　かよこ

ただ　ただ　ひとりでいたかった
誰《だれ》もが　信《しん》じられず
誰《だれ》かを　信《しん》じたかった
暗闇《くらやみ》の中《なか》を　理由《わけ》もなく
さまよっていた頃《ころ》の思春期《ししゅんき》
ささいなことで　とがっていた

大人《おとな》になり　やっと落《お》ち着《つ》いた
今《いま》　言《い》えること
「時《とき》が解決《かいけつ》する」
もがいた時間《じかん》は　無駄《むだ》ではない
だから　大丈夫《だいじょうぶ》♪
強《つよ》く優《やさ》しくなれるから！

## ひとみちゃんの毛布《もうふ》

梅原　ひとみ

私《わたし》はひとみちゃんの毛布《もうふ》
張《は》るカイロ程《ほど》、
外《そと》にくっついていけないけど
仕事《しごと》してないと言《い》われても
なぜか
なぜか、
ひとみちゃんのお気《き》に入《い》り
私《わたし》の肌触《はだざわ》り
もふもふ感《かん》
学校《がっこう》から帰《かえ》った
ひとみちゃんに言葉《ことば》は要《い》らないの
ただ
優《やさ》しく、優《やさ》しく、包《つつ》むだけなの

ひとみちゃんを傷《きず》つけた言葉《ことば》
ストレス
みんな、みんな、包《つつ》むから
おやすみなさい

うめはらひとみ

# ぼくのかお

大川　純世

ぼくのかおは　かがみでしか
　みたことがない
こんなところに　ほくろを
　みつけた
ぼくのほんとうの　かおはどう
　なんだろう
いやなきもちのかお
かなしいきもちのかお
うれしいきもちのかお
ぼくをみて　みんながいう
きょうは　どうしたの
ぼくのかおは　ぼくのものでも
そのときによってかわる

しんごうのようだ
いいかおに　なあれ
いいかおは　たのしいきもち
　うれしいきもち
いつもそうしたいきもち
いいことあるように

おおかわすみよ

# つり合《あ》い

大楠 翠

写真《しゃしん》に合《あ》った
写真立《しゃしんた》て
花《はな》に合《あ》った
花瓶《かびん》
分相応《ぶんそうおう》の
暮《く》らし

---

名前負《なまえま》けしない
気概《きがい》

おおくすみどり

# 強《つよ》い心《こころ》で

おおくま　よしかず

高校《こうこう》の部活《ぶかつ》は　野球部《やきゅうぶ》
三年生《さんねんせい》になり　やっと
レギュラーに
二塁手《にるいしゅ》
よく練習《れんしゅう》をし
よく試合《しあい》をした

大事《だいじ》な試合《しあい》
まして接戦《せっせん》の時《とき》
打球《だきゅう》がとんで　こなけりゃいいな
そう思《おも》うと　とんでくる
エラーはしたくないな
そう思《おも》うと　エラーをする

そこで気持《きも》ちを
入《い》れ替《か》えた
打球《だきゅう》よ！　とんでこ！
強《つよ》い心《こころ》で　身《み》がまえると
打球《だきゅう》は　とんでこない
とんできても
上手《じょうず》にさばき
エラーもしない

その時《とき》から　野球《やきゅう》が
ますます好《す》きになった

# ダイヤモンドダスト

大倉　尚美

ピンと　引《ひ》きしまった
冷《つめ》たい　雪原《せつげん》のなか
粉雪《こなゆき》が　太陽《たいよう》の光《ひかり》をあびて
キラキラと　舞《ま》う

とつぜん　遊《あそ》んでいた拓也《たくや》が
飛《と》びこんできた
――お母《かあ》さん　ほら見《み》て！
　こんなに　きれいだよ――
手《て》には　だいじそうに
大《おお》きく　ふくらんだ
ナイロン袋《ぶくろ》を　にぎっている
――ほんと！きれいだわね――

――ぼく　かわいそうだから
　にがしてこよう――
勢《いきお》いよく　飛《と》びだしていった
――さぁ　思《おも》いきり想像《そうぞう》してね
　白《しろ》い　キャンパスに――

空《そら》は青《あお》く　冷《つめ》たく
雪原《せつげん》は白《しろ》く　どこまでも広《ひろ》い
外《そと》へでて　天《てん》をあおぎ見《み》ると
美《うつく》しく　キラキラと七色《なないろ》に輝《かがや》き
大地《だいち》に　降《ふ》りそそいでくる
宇宙《うちゅう》から　おくりもののように
ダイヤモンドダスト

㊟ダイヤモンドダストは気象学《きしょうがく》では「細氷《さいひょう》」という。

おおくらなおみ

# 言《こと》の葉《は》

大澤　清

①清《さや》けき楓《かえで》は　五月《ごがつ》の空《そら》に舞《ま》い
新緑《しんりょく》の②匂《にお》いで
つまずいた子《こ》の
背中《せなか》をさすり　葉《は》を渡《わた》します

③艶《つや》やかなる楓《かえで》は　十月《じゅうがつ》の空《そら》に燃《も》え
温《ぬく》もりの葉《は》を
泣《な》いている子《こ》の
掌《てのひら》に　そっと　もっていきます

④年旧《としふ》る楓《かえで》は　十二月《じゅうにがつ》の寒《さむ》さに立《た》ち
飾《かざ》りのない姿《すがた》で
うつむく子《こ》に
枝先《えださき》の春《はる》を見《み》せます

奥行《おくゆ》きある楓《かえで》は　ここに⑤在《あ》り
大気《たいき》をつくる　葉《は》で
どんな子《こ》にも　どんな時《とき》も
生《い》きるいのちを伝《つた》えます

葉《は》はやがて⑥豊饒《ほうじょう》の大地《だいち》となり
いのちが　きっぱりと立《た》ちます

かけがえのない
なくてはならない
大切《たいせつ》な　限《かぎ》りなく大切《たいせつ》な
あなたの

おおさわきよし

①明《あか》るくすがすがしい。
②嗅覚《きゅうかく》だけではなく、人《ひと》の内面《ないめん》の優《やさ》しさや美《うつく》しさがにじみ出《で》る意味《いみ》ももつ語《ご》。
③光沢《こうたく》があって美《うつく》しい。
④年月《ねんげつ》がたち古《ふる》びる。
⑤「在《ざい》」という漢字《かんじ》には、災害《さいがい》から人々《ひとびと》を守《まも》り、存《そん》在《ざい》させるという意味《いみ》が含《ふく》まれている。(新漢語林《しんかんごりん》)
⑥土地《とち》が肥沃《ひよく》で作物《さくもつ》の実《みの》りがいいこと。

# 春祭《しゅんさい》　太田　甲子太郎

「春《はる》」は　〝根《ね》を張《は》る〟
から　きているらしい

西行法師《さいぎょうほうし》は
「春《はる》」の　うららかさを
こよなく　愛《あい》した
天《てん》に　召《め》されるときは
春《はる》にと　和歌《わか》で願《ねが》う
西行《さいぎょう》は　願《ねが》いどおりに
春《はる》に　身《み》まかった

清少納言《せいしょうなごん》は
「春《はる》」は　曙《あけぼの》と　綴《つづ》った

---

春《はる》は　明《あ》け方《がた》が
いっとう　美《うつく》しい
随筆《ずいひつ》『枕草子《まくらのそうし》』で表現《ひょうげん》する

私《わたし》も「春《はる》」の季節《きせつ》が　大好《だいす》きだ
春《はる》がすみ　笑《わら》う山《やま》
空《そら》にたゆたう春風《はるかぜ》
咲《さ》きみだれる桜《さくら》

春《はる》になれば　何《なに》か良《よ》いことが
ありそうで
心待《こころま》ちに　している

おおたかしたろう

# 三匹《さんびき》のカエル

おおた　よりこ

冬眠明《とうみんあ》けて春《はる》の日《ひ》
水瓶《みずがめ》に飛《と》びこんだ
三匹《さんびき》のカエル

虫《むし》をパックリ水《みず》でスイスイ
仲良《なかよ》い三匹《さんびき》
水瓶《みずがめ》のお外《そと》は田植《たうえ》
私《わたし》がのぞくと
大《おお》きな音《おと》たて
一斉《いっせい》に飛《と》び上《あ》がる
出《で》られない
三匹《さんびき》のカエル

手《て》を差《さ》し伸《の》べて
丘《おか》へどうぞ
ぺょんぺょんご挨拶《あいさつ》
「仲良《なかよ》くしてね」
広《ひろ》い田《た》んぼの臭《にお》いは良《よ》いですか
みんな一緒《いっしょ》に
ぴょんぴょん
ゲロゲロ
三匹《さんびき》のカエル

おおたよりこ

# ぶらんこ　大八木　敦彦

子《こ》どもたちがかえったあとも
ぶらんこはゆれている
ぬくもりをのせて
ゆれている

（わたしは子《こ》どもたちを
空《そら》へかえしたかった
わたしは子《こ》どもたちを
空《そら》へかえさなかった）

ゆれている

記憶《きおく》のふりこのように
ひとりでゆれている
ゆうぐれの公園《こうえん》のぶらんこは
すこしずつ
つめたくなってゆく

おおやぎあつひこ

# おたまじゃくし

大類　久恵

くろいおたまじゃくしが21ぴき
こちょこちょ、こちょこちょ、
およいでいる。
やがて　足出《あしで》て　手《て》がはえて
しっぽがきえて　かえるになる。

おたまじゃくしは21ぴき
みんながみんな、かえるになる。
小《ちい》さなくろい　かえるになる。
まちがって　なまずになるやつは
いっぴきもいない。
たぶん。

おたまじゃくしって、すごい。
まちがって　なまずになるやつが
いっぴきもいないなんて、
やっぱり　すごい。

なんですごいかっていうと、
DNA《ディーエヌエー》のしわざ、らしい。
見《み》たことないけど、DNA《ディーエヌエー》って
すごい、らしい。

DNA《ディーエヌエー》というのは、
しぜんのなかま。
だから　しぜんって　すごい。

おおるいひさえ

# 心友《しんゆう》　おかの　そら

真面目《まじめ》な顔《かお》で　彼《かれ》が言《い》った
「君《きみ》って　じっと我慢《がまん》するよね」
…………………
我慢《がまん》などしていないよ……って
どうして　言《い》わなかったのかなあ

友達《ともだち》は　みんな逞《たくま》しい
やられたら　やり返《かえ》すし
言《い》われたら　言《い》い返《かえ》す
僕《ぼく》は　戦《たたか》うことも嫌《きら》いだし
言葉《ことば》で　争《あらそ》うことも嫌《きら》いだ
だから　考《かんが》える　考《かんが》える　考《かんが》える
臆病者《おくびょうもの》に　見《み》えるだろうな

自分《じぶん》の未来《みらい》は　分《わ》からない
僕《ぼく》も　爆発《ばくはつ》する時《とき》がきっとある
すごい勇気《ゆうき》が　いるだろうな
だから　考《かんが》える　考《かんが》える　考《かんが》える
考《かんが》えるって……我慢《がまん》することかな

K《ケー》くん……いつか必《かなら》ず……
自分《じぶん》の気持《きも》ち　伝《つた》えるからね
「君《きみ》は　大切《たいせつ》な心友《しんゆう》だもん」

おかのそら

# 命《いのち》

小川　惠子

大地《だいち》や海《うみ》の中《なか》には
ヘンテコリンな仲間《なかま》たちが
うごめいている
みんな同《おな》じなのは
生《い》きていること……

限《かぎ》りなく　あふれ出《で》る光《ひかり》が
生《い》き物《もの》たちに注《そそ》がれる
魂《たましい》の琴線《きんせん》を爪弾《つまび》くと
優《やさ》しい波動《はどう》が聞《き》こえてくる
それは活《い》きている
光波《こうは》の音霊《おとだま》

全《すべ》てのヘンテコリンも受《う》け止《と》める
愛《いと》しい地球《ちきゅう》は命《いのち》の気《き》づきを
教《おし》えてくれる
その豊《ゆた》かな微笑《ほほえ》みが
まばゆく気高《けだか》い

生《い》きている……
授《さず》かりし尊《とうと》い命《いのち》

明《あか》るく
そっと寄《よ》り添《そ》う
かけがえのない命《いのち》よ！
ありがとう

おがわけいこ

# いきている

荻野　優子

まっさおな　そらに
ひこうきぐも
一《いっ》ちょくせんに　とんでいるのに
まあるく　のびていく

まっすぐ　あるきたいのに
どうしても　まがってしまう
ちきゅうに　ひっぱられながら

じっと
とまっているのに
もとのばしょには　いない
ちきゅうがまわっているあいだは

すわりこんで　ないていたとき
きづかなかったけれど
うごかされていたんだ
ずっと　とおいところへ

おぎのゆうこ

# いつのま

奥原　弘美

飛行機雲《ひこうきぐも》を消《け》して
青空《あおぞら》の傷《きず》あとを治《なお》したり

タンカーを連《つ》れ出《だ》して
水平線《すいへいせん》のでこぼこを均《なら》したり

かさぶたのかげにいて
あれ、ない
いない

いつのまは
いつのまに？
いつのまにか

おくはらひろみ

# おっぱいのひみつ

小野　浩

おかあさんねこに
　あかちゃんねこがくっついて
　　おっぱいをのんでいます

おかあさんはめをとじて
　あかちゃんたちもめをとじて
　　あまいゆめにだかれて

しんぞうのおとをききながら
　あったかいおっぱいを
　　はなすまいとして

おちちのあじをあじわって

あんしんしてのんでいます
　ちくびをしっかりすいながら

うまれたばかりの
　はるのひかりのなかで
　　おいしそうにのんでいます

やさしくつよくそだつのは
　おっぱいのちからです

ねこがねこになれるのは
　おっぱいのちからです

おのひろし

# おしまいなして

折原　みか子

友達《ともだち》と遊《あそ》んだ日《ひ》
別《わか》れぎわ
——　さいなら　さんかく
　　またきて　しかく——
いつまでも続《つづ》いたわらべ歌《うた》
私《わたし》の育《そだ》った山里《やまざと》は
夕方《ゆうがた》の挨拶《あいさつ》は
おしまいなして
村《むら》の長老《ちょうろう》に
初《はじ》めて挨拶《あいさつ》した
十歳《じゅっさい》くらいの私《わたし》

ドキドキしながら言《い》った
おしまいなして
はい　おしまい
答《こた》えた長老《ちょうろう》の
草刈《くさか》りカゴの中《なか》に
夏草《なつくさ》といっしょに
山百合《やまゆり》が二本入《にほんはい》っていた

そして
今《いま》
村《むら》の夕方《ゆうがた》の挨拶《あいさつ》は
どんなのだろう

おりはらみかこ

# 蒼《あお》い街《まち》　かじ　ひとみ

夜明《よあ》け前《まえ》
ベランダに出《で》る
地表《ちひょう》は
まだ
宇宙《うちゅう》の雰囲気《ふんいき》をまとって
どこでもない世界《せかい》の
様子《ようす》をしている
遠《とお》くから
列車《れっしゃ》の音《おと》
一番鶏《いちばんどり》が鳴《な》くように

蒼《あお》く広《ひろ》がる
景色《けしき》の中《なか》で
光《ひかり》さす
その時《とき》を待《ま》つ

かじひとみ

# 誰《だれ》に似《に》たやら　片山　ふく子

うちの犬《いぬ》
テレビで
「ピンポン」と
チャイムの音《おと》がすると
廊下《ろうか》に　寝《ね》ころんだまま
玄関《げんかん》のほうへ　頭《あたま》を向《む》け
「わん！」と
一声《ひとこえ》だけ　吠《ほ》える
起《お》きあがりもせず
仕事《しごと》が　すんだように
また寝《ね》る

---

音《おと》がしなくても
思《おも》いだしたように
玄関《げんかん》のほうへ
「わん！」と一声《ひとこえ》吠《ほ》える
用事《ようじ》がすんだように
また　寝《ね》る
走《はし》って行《い》ったら　体力《たいりょく》つかう
〈門番《もんばん》してますよ。一応《いちおう》〉と
飼《か》い主《ぬし》向《む》けアピールか
いったい　誰《だれ》に似《に》たやら

かたやまふくこ

# ボクは猫《ねこ》　君《きみ》はネコ

かとう　えりこ

ボクは猫《ねこ》。ガラス窓《まど》の向《む》こうの君《きみ》
君《きみ》は誰《だれ》？
——私《わたし》はネコ。——
ボクは猫《ねこ》。君《きみ》はいつも家《いえ》の中《なか》にい
るよね。
——私《わたし》はネコ。そうね、いつもこ
こにいるわ。——
外《そと》へ出《で》ておいでよ。草《くさ》の匂《にお》いがす
る、花《はな》の良《よ》い香《かお》りもするよ。
——草《くさ》の匂《にお》い？花《はな》の香《かお》り？——
一緒《いっしょ》に出《で》かけようよ。君《きみ》に見《み》せた
い物《もの》がたくさんあるんだ。
——私《わたし》はここが好《す》き。ここには何《なん》
でもあるわ。あなたがこちら
へ来《く》ればいいのに。——
ボクはそちらには行《い》けないよ。君《きみ》
とボクとは違《ちが》うんだ。ボクは猫《ねこ》。
——違《ちが》う？あなたと私《わたし》は何《なに》も変《か》わ
らないわ。私《わたし》はネコ。——
君《きみ》はネコ。ボクは猫《ねこ》。
——私《わたし》はねこ。あなたもねこ。——

# 光《ひか》るみち　かとう　けいこ

光《ひか》るみちってどんなみち
希望《きぼう》あふれる明日《あした》のみち
光《ひか》るみちってどこにある
それはきっと人《ひと》の心《こころ》に

暗《くら》いみち
迷《まよ》いみち
立《た》ち止《ど》まることもあるけれど

ここにいるよ
ここにおいで
いっしょにいこう
だれかが声《こえ》をかけてくれたとき

見《み》えるひとすじの光《ひかり》
光《ひか》るみちって
光《ひか》るみちって
もしかしたらつながる心《こころ》
光《ひか》るみちって
光《ひか》るみちって
もしかしたら
平和《へいわ》を祈《いの》る人《ひと》にだけ
命《いのち》をきらきら輝《かがや》かせる人《ひと》にだけ
とどいてくれる
未知《みち》！

かとうけいこ

# おばあさんと女の子《おんなのこ》

金原　道三

雪《ゆき》がふっていた
おばあさんは
ちいさな女《おんな》の子《こ》をつれて
自動販売機《じどうはんばいき》のボタンをおした
〝ガラーン、ゴトーン〟
おばあさんは
ポタージュスープのかんを
とりだすと
女《おんな》の子《こ》に手《て》わたした
「あったかい！」
かんを両手《りょうて》でにぎりしめている
女《おんな》の子《こ》の顔《かお》が
いっしゅんほころんだ

「お、、ほかほか……、
あったかいね」
つめたい風《かぜ》が
ヒューヒューと吹《ふ》きつける
はい色《いろ》の空《そら》に
二人《ふたり》をくっきりとうつし出《だ》す
自動販売機《じどうはんばいき》のうしろで
うめの花《はな》が
半《なか》ばひらきはじめていた

かねはらみちぞう

# うちタオルになりたい

神内　八重

白川君《しらかわくん》は
少年野球《しょうねんやきゅう》のピッチャー
背《せ》が高《たか》い
足《あし》が長《なが》い

三振《さんしん》　三振《さんしん》　また三振《さんしん》
ベンチにもどって
タオルで汗《あせ》を
ふき始《はじ》めやった

うちは急《きゅう》に
白川君《しらかわくん》のにぎってる
タオルになりたい思《おも》ってん

どないしよう
うち
白川君《しらかわくん》のこと
好《す》きになってしもうたみたいや

タオルになりたいやなんて

かみうちやえ

## 消《き》えた思《おも》い出《で》の町《まち》

かみや　じゅんこ

愛知万博《あいちばんぱく》の翌年《よくねん》
フレンドシップ国《こく》ウクライナへ
キーウから草原《そうげん》の道《みち》をバスで半日《はんにち》
スラビティッチについた

見学《けんがく》の芸術学校《げいじゅつがっこう》
―さくらさくら　やよいの空《そら》は―
日本語《にほんご》の歌《うた》で迎《むか》えてくれた
ここの子《こ》どもらは学校《がっこう》が終《お》わると
ここで踊《おど》り、絵《え》、楽器《がっき》、人形劇等《にんぎょうげきなど》
好《す》きなことに励《はげ》むらしい
教材《きょうざい》は新《あたら》しい物《もの》はなく
数少《かずすく》ない物《もの》を大切《たいせつ》に使《つか》っていた

交流会場《こうりゅうかいじょう》では
抹茶《まっちゃ》、習字《しゅうじ》　折《お》り紙《がみ》を用意《ようい》した
折《お》り紙《がみ》が大人気《だいにんき》で、人形《にんぎょう》　動物等《どうぶつなど》
長《なが》い列《れつ》ができた

舞台《ぶたい》では現地《げんち》の子《こ》どもの踊《おど》り
手先《てさき》から足先《あしさき》までの動《うご》きは
とぎすまされ本場《ほんば》のバレエだった
その中《なか》の「フジヤマ」の踊《おど》りは
着物《きもの》で、扇子《せんす》まで持《も》っていた
フィナーレは「まつけんサンバ」
途中《とちゅう》から現地《げんち》の子《こ》も舞台《ぶたい》に上《あ》がり
みんなで踊《おど》りを楽《たの》しんだ

# フィリピン女性《じょせい》　リンさん

川上　佐貴子

フィリピンから来《き》たリンさんは
福祉《ふくし》のパン屋《や》さんでパートから
始《はじ》め、今《いま》はデイサービスの仕事《しごと》
をしています。

夜《よる》　日本語勉強《にほんごべんきょう》　文化会館《ぶんかかいかん》行《い》った
まっくら　だぁーれもいない
それで　先生《せんせい》に電話《でんわ》した
紙《かみ》（予定表《よていひょう》）は勉強《べんきょう》の日《ひ》だから
日本語勉強《にほんごべんきょう》できると思《おも》ってた
コロナだから　休《やす》み　わかった
でも　デイサービスやってるよ
私《わたし》　お風呂《ふろ》の仕事《しごと》　入《はい》る手伝《てつだ》い
みんな　歩《ある》けるよ　自分《じぶん》でできる
お年寄《としよ》り　お風呂楽《ふろたの》しみに来《く》る
私《わたし》フィリピン人《じん》　外国人私《がいこくじんわたし》だけ
漢字《かんじ》わからない　これ一番大変《いちばんたいへん》
毎日《まいにち》　自分《じぶん》で漢字勉強《かんじべんきょう》してる
日本《にほん》に来《き》て十九年《じゅうくねん》　もう五十《ごじゅう》だよ
今《いま》の仕事《しごと》やりたい　いい仕事《しごと》
だから　もっと日本語勉強《にほんごべんきょう》したい
カナダ人《じん》　ネパール人《じん》みんな一緒《いっしょ》
話《はな》したり勉強《べんきょう》したり　一番《いちばん》いいね
早《はや》くコロナ静《しず》かになるといいね
早《はや》く日本語勉強《にほんごべんきょう》したいよー　先生《せんせい》

リンさんの電話《でんわ》は、なかなか終《お》
わらない。

かわかみさきこ

# 言葉《ことば》　川島　もと子

わたしの唇《くちびる》から
わたしの指先《ゆびさき》から
ぽんと飛《と》び出《だ》す言葉《ことば》
風《かぜ》に乗《の》り
電波《でんぱ》に乗《の》って
誰《だれ》かの心《こころ》に舞《ま》い降《お》りる

さざめき
うねる
心《こころ》の波間《なみま》から
生《う》まれ出《で》る言葉《ことば》たち
言葉《ことば》は

燃《も》えさかる炎《ほのお》
氷《こおり》の刃《やいば》
とめどなくわきあがる泉《いずみ》
春《はる》の空《そら》へ解《と》けてゆく雲《くも》
行《い》き場《ば》のない涙《なみだ》
暗闇《くらやみ》に灯《とも》るほのかな明《あ》かり

わたしの言葉《ことば》よ
この世界《せかい》の誰《だれ》ひとり
鞭打《むちう》たないで
わたしの言葉《ことば》のひとひらが
誰《だれ》かの救《すく》いとなりますように

かわしまもとこ

# 春分《しゅんぶん》の日《ひ》

木崎　寿美子

秋晴《あきば》れに　菊《きく》の花咲《はなさ》く
文化《ぶんか》の日《ひ》
積《つ》もる雪《ゆき》
足《あし》あとがつく冬《ふゆ》の日《ひ》
空青《そらあお》し　桃《もも》の花咲《はなさ》く
春分《しゅんぶん》の日《ひ》

きざきすみこ

# スナガニのあいさつ

北川　風

潮干狩《しおひが》りですか
カニニチハ

人見知《ひとみし》りなので
穴《あな》の中《なか》から　失礼《しつれい》

カニニチハ　カニ

きれいな砂浜《すなはま》が
好《す》きです

穴《あな》と砂団子《すなだんご》
見逃《みのが》して　カニ

きたがわかぜ

# 「したまがり」の花《はな》

北野　千賀

亀山城《かめやまじょう》の堀伝《ほりづた》いは
毎年《まいとし》
秋《あき》になると彼岸花《ひがんばな》の紅《あか》い帯《おび》が
出来《でき》る

小学生《しょうがくせい》だった　私《わたし》の記憶《きおく》に
紅《あか》い帯《おび》は
鮮《あざ》やかな風景《ふうけい》として残《のこ》った

でも　かわいく美《うつく》しい花《はな》には
魔物《まもの》のような名前《なまえ》がついていた
「したまがり」

「なめたら
舌《した》がしびれて　まがるんやて！」
と　人《ひと》づてに聞《き》いた

幼《おさな》い私《わたし》は　怖《こわ》くて
近《ちか》づいたり
さわったり出来《でき》なかった
眺《なが》めるだけでも
舌《した》がジンジンしてきた

※亀山城《かめやまじょう》（三重県《みえけん》　亀山市《かめやまし》）

きたのちか

# きらり

木下　祥子

はすの葉《は》に
まぁるいしずく
ころがって
きらり
宝石《ほうせき》のよう

学校《がっこう》で　先生《せんせい》が
みんな　ひとり　ひとり
きらりと
光《ひか》るものを　持《も》っている
そう言《い》われたこと
思《おも》い出《だ》した

私《わたし》の中《なか》にも
きっとある
きらり
大切《たいせつ》にしたい

きのしたしょうこ

## 折《お》り込《こ》み言葉《ことば》遊《あそ》び　2

楠木　しげお

めがね　めがよく見《み》える
ガラスではなく　レンズ
ねるとき　はずす

今年《ことし》　こんげつ（今月）が十二回《じゅうにかい》
とちゅうに　誕生日《たんじょうび》
したいこと　いっぱい

かさ（笠・傘）　かぶったり……
さしたり……

うそ　うしろに　本当《ほんとう》が
そっと　かくれてる

---

さかなクン
さっそく驚《おどろ》くよ　魚魚魚《ギョギョギョ》
かぶってるよ　フグの帽子《ぼうし》
なんでも知《し》ってるよ　魚《さかな》のこと
クンレンしてるよ　ダイビング

笑点《しょうてん》　しょうた（昇太）が司会《しかい》
うみだす　笑《わら》い
てんか（天下）一品《いっぴん》

箱根《はこね》　はしりあがっていく、
ことしのランナーたち。
ねらう　往路優勝《おうろゆうしょう》

くすのきしげお

# 戦争《せんそう》だ！　くろき　おさむ

戦《たたか》う少年《しょうねん》の　兵士《へいし》たち
戦《たたか》う老《お》いた　兵士《へいし》たち

兵士《へいし》の母《はは》は　祈《いの》っている
兵士《へいし》の妻《つま》は　祈《いの》っている

無事《ぶじ》に帰《かえ》って　くれればいい
生《い》きて戻《もど》って　くれればいい
毎日《まいにち》祈《いの》っては　オロオロし
毎日《まいにち》祈《いの》っては　涙《なみだ》する

戦争《せんそう》なければ　いつもの日《ひ》
戦争《せんそう》しなけりゃ　笑顔《えがお》の家族《かぞく》

どの国《くに》　勝《か》っても
どの国《くに》　負《ま》けても
最後《さいご》は　どちらも…

心《こころ》に深《ふか》く　傷《きず》のこり
心《こころ》に深《ふか》い　哀《かな》しみ宿《やど》る

それでも戦争《せんそう》　なくならない
解《わか》っていても　終《お》わらない

終《お》わらぬ戦争《せんそう》　止《と》めるため
いろんな国《くに》が　戦争《せんそう》はじめる

くろきおさむ

# 道草《みちくさ》　コサカ　ミオ

思《おも》ったこと言《い》いなさいって
言《い》ったらもっと
ややこしくなった
正直《しょうじき》に生《い》きるって
カンタンなことじゃない

だから
そう
たぶん
みんな
大人《おとな》は上手《じょうず》に
うそをつく

ぼくもいつか
大人《おとな》になるのだろうか
正直《しょうじき》な心《こころ》なんて
まるで
はじめから
なかったように
思《おも》ったこと忘《わす》れて
思《おも》うこと失《な》くして

こさかみお

# 河口《かこう》にて　小菅　征夫

山奥《やまおく》の湧水《わきみず》の小《ちい》さな流《なが》れが
やがて谷川《たにがわ》となって
山《やま》を駆《か》け下《くだ》り
それからいくつもの町《まち》や村《むら》を
ひたすら走《はし》り続《つづ》け
ようやく　今《いま》
ここにたどり着《つ》いたのです

それなのに　見《み》てごらん
目《め》の前《まえ》の川《かわ》は
慌《あわ》てるようすもなく
静《しず》かに　静《しず》かに
整然《せいぜん》と　海《うみ》に向《む》かっています

最前列《さいぜんれつ》では
川《かわ》の水《みず》と海《うみ》の水《みず》が
互《たが》いに歩《あゆ》み寄《よ》り
親《した》しく抱《だ》き合《あ》い
久《ひさ》しぶりの再会《さいかい》を
喜《よろこ》び合《あ》っています

川《かわ》の水《みず》は　こうして
海《うみ》の歓迎《かんげい》を受《う》けながら
大海原《おおうなばら》に帰《かえ》ってゆくのです

こすげいくお

# 山茶花《さざんか》は　古都美

世《よ》の中《なか》は今《いま》、コロナ禍《か》。

外《そと》はといえば、雪《ゆき》が降《ふ》り積《つ》もり、寒風《かんぷう》が吹《ふ》き、ブルブル。

こんな状況《じょうきょう》で、気持《きも》ちは沈《しず》み、頑《かたく》なになる。

なのに、わざわざ真冬《まふゆ》に山茶花《さざんか》は蕾《つぼみ》をつける。雪《ゆき》が降《ふ》ろうが、寒《かん》風《ぷう》に晒《さら》されようが、わずかな陽《ひ》の光《ひかり》を、チャンスとばかり待《ま》っていて、蕾《つぼみ》を膨《ふく》らませてゆく。

なんで？　どうして？……。

あたしは、頭《あたま》を捻《ひね》るばかり。

だが、山茶花《さざんか》は潔《いさぎよ》い。

あたしのように、コロナの所為《せい》にしたり、寒《さむ》さを毛嫌《けぎら》いしている者《もの》とは、わけが違《ちが》う。

久々《ひさびさ》に巡《めぐ》ってきた暖《あたた》かさに、時《とき》を待《ま》ち構《かま》えて、花《はな》びらをメナメナと開《ひら》き、陽《ひ》の光《ひかり》に輝《かがや》き凛《りん》と咲《さ》く。

そうか、山茶花《さざんか》はあえて、他《ほか》の花《はな》と懸《か》け離《はな》れて、孤高《ここう》に生《い》きる道《みち》を選《えら》んだんだ。

ようーし、山茶花《さざんか》に負《ま》けてたまるか。あたしだって、いまに、今《いま》に‼

あたしは、山茶花《さざんか》を睨《にら》み返《かえ》した。

# 売店《ばいてん》の小《ちい》さいプリン　さいとう　しずえ

「はらへったぁプリン買《か》ってぇ」
おねだりするうちのおじいちゃん
シルバーホームの売店前《ばいてんまえ》
わたしたちは　車椅子《くるまいす》を止《と》める
小学生女子《しょうがくせいじょし》でも　介護《かいご》はできる
ドクターのお許《ゆる》しもらって
陽《ひ》だまりのテーブル席《せき》
わたしは　小《ちい》さいプリンを
おじいちゃんに　食《た》べさせた

次《つぎ》の朝《あさ》おじいちゃんは目《め》ざめない
プリンのせいでは　ないと言《い》う
そして眠《ねむ》ったまま息《いき》をひきとった

「八十七歳《はちじゅうななさい》は大往生《だいおうじょう》　仕方《しかた》ない」
みんな言《い》う　みんな駆《か》けまわる

全身《ぜんしん》を洗《あら》われたおじいちゃん
白《しろ》い優《やさ》しい顔《かお》をして　廊下《ろうか》の奥《おく》の
〝祈《いの》りの部屋《へや》〟に　寝《ね》かされた

売店前《ばいてんまえ》のテーブル席《せき》にひとり
わたしは　小《ちい》さいプリンを食《た》べる
熱《あつ》い御飯《ごはん》にのせた卵《たまご》の匂《にお》いと
花《はな》の蜜《みつ》のようなとろとろを
涙《なみだ》といっしょに　飲《の》みこむのだ

さいとうしずえ

# お日《ひ》さまは絵《え》かきさん

斉藤　瑤子

お日《ひ》さまは絵《え》かきさん
とても上手《じょうず》な絵《え》かきさん
道路《どうろ》に車《くるま》の絵《え》をえがきます
車《くるま》が走《はし》ると
走《はし》る車《くるま》をえがきます

雨《あめ》の日《ひ》は
お日《ひ》さまはお休《やす》みです
雲《くも》の上《うえ》で
ねむいねむいと眠《ねむ》ります
雨《あめ》はざあざあ降《ふ》って
道路《どうろ》のそうじをしています
雨《あめ》がやむと

お日《ひ》さまは　にっこり笑《わら》って
きれいな道路《どうろ》に
車《くるま》の絵《え》をえがきます

男《おとこ》の子《こ》が犬《いぬ》をつれて
歩《ある》いてきます
男《おとこ》の子《こ》と犬《いぬ》の絵《え》をえがきます

夕方《ゆうがた》になると
西《にし》の空《そら》を赤《あか》くそめて
夕焼《ゆうや》け空《ぞら》をえがきます
あ、　きれいだね
みんな出《で》てきて　ながめます

さいとうようこ

## 空《そら》　佐伯　道子

空《そら》
世界《せかい》を見《み》わたしている
みんなの空《そら》

わたしはうれしいとき
空《そら》を見《み》る
悲《かな》しいときは
なみだのなかに空《そら》を見《み》る
おこっているとき
ぐっとにらんで空《そら》を見《み》る
空《そら》は
見上《みあ》げたわたしの気持《きも》ちを
空《そら》いっぱいに広《ひろ》げて答《こた》えてくれる

きょうの空《そら》
遠《とお》くまで青《あお》い空《そら》
いやなことがあったけど
青《あお》い空《そら》は
見上《みあ》げたわたしだけの空《そら》になって
わたしをはげましてくれた
わたしの心《こころ》によりそって
わたしだけの空《そら》になった

でも
わたしだけの空《そら》のときだって
空《そら》は
みんなの空《そら》でいることをやめない

さえきみちこ

# 雲《くも》に乗《の》って　下花　みどり

退屈《たいくつ》な午後《ごご》
ベッドに寝転《ねころ》がって
窓《まど》から空《そら》を見上《みあ》げたら
青空《あおぞら》にポッカリ浮《う》かんだ白《しろ》い雲《くも》が
少《すこ》しずつ形《かたち》を変《か》えながら
ゆっくりと飛《と》んでいた
いいなあ雲《くも》は自由《じゆう》で

そこから見《み》えるかい？
どこへも行《い》けなくて
つまらなそうに窓《まど》から
空《そら》をながめている僕《ぼく》の顔《かお》が

雲《くも》に乗《の》ってあいつの所《ところ》に行《い》けたら
どんなに痛快《つうかい》だろう！
ずっと会《あ》えないあいつ
今頃何《いまごろなに》をしてるかな

フワフワ雲《くも》に乗《の》った気分《きぶん》で
ウトウトしてたら
夢《ゆめ》の中《なか》に突然《とつぜん》あいつが現《あらわ》れた
その笑顔《えがお》はまぶしいくらいに
キラキラと輝《かがや》いていた
あいつに会《あ》えた気《き》がした

しもはなみどり

# 水辺《みずべ》の小径《こみち》

白谷　玲花

ふっと
風《かぜ》は吹《ふ》くのをわすれて
ぴたりとたちどまった
小雨《こさめ》にあらわれ
うるうる光《ひか》る
青葉若葉《あおばわかば》の水玉《みずたま》に
腰《こし》かけたくて

ふっと
陽《ひ》は昇《のぼ》るのをやめて
きらりときらめいた
真《ま》っ白《しろ》く　白《しろ》く
湧《わ》き上《あ》がる
入道雲《にゅうどうぐも》の尾根《おね》を
滑《すべ》ってみたくて

ふっと
水《みず》は流《なが》れをとめて
くるりとふりむいた
金木犀《きんもくせい》の花散《はなち》る
ほりわりの岸辺《きしべ》を
すいすい往《ゆ》きかう赤《あか》トンボに
見《み》とれてしまって

ふっと　ふっとに　ときめく
水辺《みずべ》の小径《こみち》

しらたにれいか

# 十五《じゅうご》の君《きみ》に

すぎもと　れいこ

十歳《じっさい》を過《す》ぎたころから
君《きみ》は竹《たけ》の子《こ》のように伸《の》び出《だ》した
母《かあ》さんを抜《ぬ》き　父《とう》さんも越《こ》えた
体重《たいじゅう》は生《う》まれたときの約二十倍《やくにじゅうばい》
ばあばは　君《きみ》を見《み》あげるたび
まぶしくて目頭《めがしら》が熱《あつ》くなる

赤《あか》ちゃんのころの君《きみ》は
ただただ吐《は》いた
幼児《ようじ》のころは
運動会《うんどうかい》　発表会《はっぴょうかい》には泣《な》き続《つづ》けた
小学生《しょうがくせい》のころは
自《みずか》ら手《て》を挙《あ》げることはなかった

そんな君《きみ》が
中学生《ちゅうがくせい》になると　変身《へんしん》した
好奇心《こうきしん》が旺盛《おうせい》になり活発《かっぱつ》になった
運動部《うんどうぶ》に入《はい》り友《とも》だちもできた
運動会《うんどうかい》で疾走《しっそう》する君《きみ》は輝《かがや》いていた
最近《さいきん》は　みごとな食《た》べっぷりだ

弱虫《よわむし》は蛹《さなぎ》になり羽化《うか》を終《お》えた
やわらかい羽根《はね》は
日増《ひま》しに硬《かた》くなるだろう

さあ　飛《と》び立《た》て　夢《ゆめ》に向《む》かって
君《きみ》らしく

# こころ

関根　清子

精《せい》いっぱい努力《どりょく》しても
報《むく》われるとは限《かぎ》らない
夢《ゆめ》を追《お》いかけ
挫折《ざせつ》を繰《く》り返《かえ》した日々《ひび》

あきらめが悪《わる》く
不平不満《ふへいふまん》が多《おお》く
不完全《ふかんぜん》な人間《にんげん》の私《わたし》

そんな心《こころ》の闇《やみ》を
受《う》け入《い》れる覚悟《かくご》が
あるのだろうか
私《わたし》に

努力《どりょく》が報《むく》われずとも
きっと
心《こころ》を成長《せいちょう》させてくれることを
信《しん》じたい

心《こころ》の春《はる》は遠《とお》くても
蕾《つぼみ》のままの心《こころ》でも
いつか咲《さ》ける時《とき》まで
自分《じぶん》の心《こころ》を守《まも》りたい

強《つよ》い覚悟《かくご》を持《も》って

せきねきよこ

# すごい　なかま

そがべ　たけひろ

すいどうは　すごい
じゃぐちの　とってをさげると
すぐ　みずがでる

せんたくきは　すごい
スイッチを　おすと
しごとをする
たくさん　しごとをしても
―しんどいから　いやだ―
などと　いわない

そうじきは　すごい
いえじゅうを　きれいにする

ごみは　すごい
いろんな　しごとをしたから
ごみに　なったのだ

ほかにも　すごいものは
たくさんある

ぼくも
なわとびの　にじゅうとびが
できるようになって
すごい　なかまになる

そがべたけひろ

# 歓喜《かんき》の歌《うた》

空野　愛

わたしのハートが震《ふる》え
このこだまする叫《さけ》びは何《なん》だろう
悲痛《ひつう》なほど美《うつく》しく
喜《よろこ》びあふれて力強《ちからづよ》い

人々《ひとびと》の声《こえ》が叫《さけ》び
人々《ひとびと》の声《こえ》が包《つつ》みこむ
地《ち》の底《そこ》からわき上《あ》がり
天《てん》まで昇《のぼ》る歓喜《かんき》の声《こえ》

あふれる涙《なみだ》
とめどなくわき上《あ》がるもの
生《い》きている感動《かんどう》だ

生《い》きている喜《よろこ》びをたたえる歌《うた》だ
歓喜《かんき》の声《こえ》が集《あつ》まって
愛《あい》と感動《かんどう》が生《う》まれる
生《い》きる力《ちから》がみなぎってくる
天上《てんじょう》にも響《ひび》く『歓喜《かんき》の歌《うた》』

そらのあい

# まちがえたっていいんだよ

高原　千代美

まちがったらどうしよう
失敗《しっぱい》したらどうしよう
笑《わら》われたらどうしよう

子《こ》どものころのわたしは
そんなことばかり思《おも》って
こわくて手《て》があげられなかった
勇気《ゆうき》がない自分《じぶん》がなさけなくて
下《した》を向《む》いて小《ちい》さくなっていた

生《い》きてきて
今《いま》　思《おも》う
まちがえたっていいんだよ

失敗《しっぱい》したっていいんだよ
まちがえや失敗《しっぱい》が
力《ちから》になり勇気《ゆうき》につながる

何《なん》でも何度《なんど》でも
とにかくやってみる

おそれず
ふみだそう
まちがえたっていいんだよ

たかはらちよみ

## 夢《ゆめ》　竹内　紘子

将来《しょうらい》の夢《ゆめ》は何《なに》ですか？
　パティシエ、料理人《りょうりにん》、医者《いしゃ》
スポーツ選手《せんしゅ》、先生《せんせい》、会社員《かいしゃいん》
芸人《げいにん》、作家《さっか》、モデル、俳優《はいゆう》
いいなぁ　みんな
いろいろな夢《ゆめ》があるんだ
わたしは？
わからない
わたしは何《なに》がやりたいのだろう
わたしって　どういう人《ひと》？
自分《じぶん》で自分《じぶん》がよくわからない
けど、いいんだ

ゆっくり　あせらず
うらやましがらないで
生《い》きていったらええ
って、ばぁちゃんがいうていた
わたしは　そのうち　わたしに
なっていく

たけうちひろこ

# 川音《かわおと》のゆくえ　武西　良和

ゴーッと堰《せき》を落《お》ちる水《みず》が
ゴロゴロ
と音《おと》を変《か》えて川下《かわしも》へ
転《ころ》がってゆく

ゴロゴロが岩《いわ》や石《いし》に突《つ》き当《あ》たって
濁点《だくてん》が外《はず》れ
コロコロ
と回転《かいてん》して淵《ふち》に沈《しず》む
底《そこ》に沈《しず》んだコロコロは
砂《すな》になって
サラサラ

と瀬《せ》の方《ほう》へと流《なが》れてゆく

それがいつの間《ま》にか
積《つ》み重《かさ》なって
その重《おも》さで岩《いわ》になり川岸《かわぎし》に
そそり立《た》つ

コロコロ転《ころ》がっていた音《おと》が
時《とき》には泡《あわ》になって
ぷくぷく
と水《みず》に浮《う》かんで
魚《さかな》たちに遊《あそ》ばれている

たけにしよしかず

## 「うまっ！」

たちもと　みきこ

ひとつになったばかりの　ひまご
「うまっ！　うまっ！」
をれんぱつ

しゃべりはじめのことばは
「かあちゃん」でも「ワンワン」
でもなく「うまっ！　うまっ！」

なんでもよくたべるけれど
いちごは　いちばん大《だい》すき
フォークをほうりだし
てづかみでクチュクチュ

かおじゅうをくちにして
せかいじゅうのしあわせを
ひとりじめしたようなえがおで
「うまっ！　うまっ！」

きみがたべると
いえじゅうに　えがおがひろがる
「うまっ！」

わたしの　くいしんぼうのＤＮＡ《ディーエヌエー》
をうけついで

たちもとみきこ

# 先生《せんせい》だいすき

田中　たみ子

転入《てんにゅう》してきたばかりのわたし
まだ友《とも》だちもないひとりぼっち
びくびくしているわたし
学校《がっこう》になれない　こわい

ろうかにごみが落《お》ちていた
ひろったわたし
ある日皆《ひみな》の前《まえ》で先生《せんせい》が
「T子《ティーこ》さんがごみひろってた
よく気《き》がつく子《こ》だよ」
と発表《はっぴょう》し　ほめてくれた
拍手《はくしゅ》の波《なみ》

とたんにヒロインになった気分《きぶん》
先生見《せんせいみ》ていてくれたんだ
先生《せんせい》が大好《だいす》きになった
ともだちもできたわたし
ルンルン気分《きぶん》
学校《がっこう》も　だいすきになった

たなかたみこ

## 蛍《ほたる》　柘植　愛子

田《た》植《う》えが始《はじ》まり母《はは》の帰《かえ》りが遅《おそ》く
なった日《ひ》のこと
遠《とお》くから蛙《かえる》の鳴《な》き声《ごえ》が聞《き》こえ
月《つき》が昇《のぼ》っても母《はは》は帰《かえ》ってこない
弟《おとうと》が腹《はら》へったと言《い》い出《だ》し
妹《いもうと》もねころんでしまった
私《わたし》は心配《しんぱい》で何度《なんど》も門《もん》に立《た》ってみる
出掛《でか》けていた父《ちち》が帰《かえ》ってきた
　何《なん》だまだ帰《かえ》っていないのか、と
不機嫌《ふきげん》な声《こえ》に
又一段《またいちだん》と不安《ふあん》が胸《むね》をしめつける

やっと　やっと母《はは》が帰《かえ》ってきた

　ごめんごめん遅《おそ》くなって……と
息《いき》をはずませている母《はは》をみて
きれい！お姫様《ひめさま》みたいと妹《いもうと》が言《い》い
蛍《ほたる》だ　蛍《ほたる》だと弟《おとうと》が手《て》をたたく
母《はは》が手拭《てぬぐ》いを取《と》ろうとすると
父《ちち》が待《ま》て　待《ま》てと言《い》い
ガラスのびんを持《も》ってきた
　衝突《しょうとつ》したのって蛍《ほたる》に聞《き》くから
返事《へんじ》のようにぽわぽわと光《ひか》る蛍《ほたる》を
弟《おとうと》は母《はは》の乱《みだ》れた髪《かみ》の毛《け》の中《なか》から
三匹《さんびき》も助《たす》け出《だ》した
母《はは》は何《なに》も言《い》わなかったが
私《わたし》はあの蛍《ほたる》が今《いま》も不思議《ふしぎ》でならない

つげあいこ

# 点《てん》から線《せん》へ

土屋　律子

生《う》まれた時《とき》
一《ひと》つの点《てん》であったぼく

成長《せいちょう》して三《さん》さいの頃《ころ》は
とぎれ　とぎれの記憶《きおく》の
点線《てんせん》だった

今《いま》のぼくは
過去《かこ》のこと
現在《げんざい》のこと
しっかり　つながって
線《せん》になっている

まっすぐなのか
まがりくねるのか
どんな線《せん》になっていくのか
楽《たの》しみな
たった一本《いっぽん》の
ぼくだけの線《せん》

つちやりつこ

# まだ　つかえるよ

常田　メロン

おれたえんぴつのしん
ひかってる
ひかってる
赤《あか》んぼうが　ないているように
わたしを　よんでいる

おれたえんぴつのしん
ぬりつぶす
ぬりつぶす
黒《くろ》いけしごむになって
まちがいを　けしてくれる

つねだめろん

# 生《い》きてるうちに聞《き》いときな

角田　晶生
つのだあきお

生《い》きてるうちに　聞《き》いときな
おじいさんの話《はなし》
おばあさんの思《おも》い出《で》
おじいさんも　おばあさんも
生《う》まれた時《とき》は　赤《あか》ちゃんだった
何十年《なんじゅうねん》も　大《おお》むかし
いっぱい遊《あそ》んで　しかられて
たくさん笑《わら》って　怒《おこ》って泣《な》いて
みんなと同《おな》じ　子《こ》どもだった
つらいことも　苦《くる》しいことも
どうにかのりこえ　大人《おとな》になった
これからみんな　たどる道《みち》の
ヒントがたくさん　つまった話《はなし》

生《い》きてるうちに　聞《き》いときな
死《し》んでからでは　聞《き》けないから
おじいさんは死《し》ぬ　いつか必《かなら》ず
おばあさんも死《し》ぬ　いつか必《かなら》ず
もちろん　お父《とう》さんもお母《かあ》さんも
君《きみ》も私《わたし》も　みんな必《かなら》ず死《し》ぬ
「いつか、その内《うち》」と大人《おとな》は言《い》う
その「いつか」はいつだろう
それまで生《い》きて　いるだろうか
LINE《ライン》やメールも　いいけれど
できれば電話《でんわ》で　声《こえ》をお聞《き》き
受話器《じゅわき》ごしの　なつかしい声《こえ》が
いつか必《かなら》ず君《きみ》を支《ささ》えてくれるから

# 夕焼《ゆうや》け　つゆき　和代

「兄《にい》ちゃん、空《そら》が火事《かじ》だよ」
弟《おとうと》がいった
「あれは、おひさまの火《ひ》で燃《も》えて
いるんだよ」
ぼくは、弟《おとうと》の手《て》をにぎり空《そら》を飛《と》ぶ
目《め》の前《まえ》に広《ひろ》がる
あざやかな朱色《しゅいろ》
風《かぜ》はやわらぎ
雲《くも》はゆっくりと
形《かたち》を変《か》えながら
明日《あした》へ向《む》かっていた

つゆきかずよ

# 新《あたら》しいスタート　とこ

確《たし》かめながら
第一歩《だいいっぽ》をふみ出《だ》そうよ
慎重《しんちょう》にね

あなたの第一歩《だいいっぽ》を
信《しん》じてみようよ
ゆっくりね

そこから始《はじ》まるよ
新《あたら》しいスタート

とこ

# 茶猫《ちゃねこ》

戸田　たえ子

どこからか
猫《ねこ》が遊《あそ》びにくる
うす茶色《ちゃいろ》の体《からだ》は細《ほそ》く
きっと
地域猫《ちいきねこ》にちがいない

「あら　こんにちは」
と　挨拶《あいさつ》していると
狙《ねら》いを定《さだ》めたのか
数日《すうじつ》ごとに　やってくる

そして
いつのまにか

食《た》べおわっても
ゆっくり　寝《ね》そべって
遊《あそ》んで帰《かえ》る

そして

そして　いつのまにか
空《そら》が赤《あか》く染《そ》まるころまで
うちの猫《ねこ》になった

とだたえこ

# 雪《ゆき》やこんこ

都丸　圭

雪《ゆき》の中《なか》をノラは
大《おお》よろこび大《おお》えがおで
オーオーかけまわります
歌《うた》のとおりです
ノラに雪《ゆき》をどっさりこかけると
ノラはとっしんしてきて
わたしがころげたすきに
手《て》ぶくろとぼうしをくわえて
もっていってしまいました
雪《ゆき》でノンノンさまを作《つく》っている間《あいだ》
ノラはおすわりしておりこうさん
でした
それからノラとわたしがいつまで
もいっしょにいられますように
ノンノンさまにおいのりしました
ノラ　おまえはおいのりしなくて
いいの
よそ見《み》なんかして　ノラ

いま　ノラは深《ふか》い土《つち》の中《なか》
あのときおいのりしなかったせい
だよ　ノラ

雪《ゆき》がなかなか止《や》まないね　ノラ

とまるけい

# しもやけ

豊崎　えい子

寒《さむ》い朝《あさ》
隣《となり》の席《せき》のかよちゃんが
にこにこして
畑《はたけ》でとれたの　と
両手《りょうて》いっぱいの
まっ赤《か》ないちごをくれた
しもやけで
ぷっくりとはれた手《て》で

おばさんの家《いえ》にいて
朝《あさ》　お掃除《そうじ》して来《く》るの
あたり前《まえ》のように
話《はな》す　かよちゃん

頑張《がんば》ってなんて
とても　言《い》えない
父《ちち》も母《はは》もいて
学校《がっこう》に行《い》く前《まえ》に
お掃除《そうじ》なんて
したことがないのに

だけど
いっしょに笑《わら》って
楽《たの》しく過《す》ごしたい
しもやけが
早《はや》くなおるように
祈《いの》っていよう

とよさきえいこ

## エーッ　私《わたし》にお年玉《としだま》

中尾　壽満子

朝一番《あさいちばん》の電話《でんわ》は
「お正月《しょうがつ》も近《ちか》いので…」と
壽代《ひさよ》さん　百歳《ひゃくさい》の声《こえ》
歩《ある》いて七分《ななふん》のお宅《たく》に出向《でむ》き
離《はな》れの廊下《ろうか》に　シートを敷《し》いて
カット

「短《みじか》くていいよ…」と言《い》われ
きれいに揃《そろ》った白髪《しらが》を
ゆっくり切《き》り揃《そろ》え
「これでお正月《しょうがつ》も　大丈夫《だいじょうぶ》」
帰《かえ》る私《わたし》を　玄関《げんかん》に追《お》ってきて
「お年玉《としだま》よ」と手渡《てわた》された
千円札《せんえんさつ》
「来年《らいねん》も　よろしくね」と
百歳《ひゃくさい》の壽代《ひさよ》さん
笑顔《えがお》に　そえて

（私《わたし》は八十七歳《はちじゅうななさい》です）

なかおすまこ

# 夕照橋《せきしょうばし》…試合《しあい》に負《ま》けた日《ひ》に

中島　あやこ

松林《まつばやし》のさきの
海《うみ》のむこうに
遊園地《ゆうえんち》の風車《ふうしゃ》が
のんびりまわっている
大海原《おおうなばら》へつながる
波《なみ》のまにまには
かもめの群《む》れが
うかんだりしずんだり

そろそろ家《いえ》に帰《かえ》ろうか
両《りょう》の手《て》をポケットにつっ込《こ》んで
歩《ある》きはじめたら
ふいに小鳥《ことり》がまいおりた

と思《おも》ったら
見知《みし》らぬおじさんが
ぼくの肩《かた》に手《て》をおいて
ならんでゆっくり歩《ある》いていた

どんな話《はなし》をしたのやら
すっかり忘《わす》れてしまったけれど
橋《はし》の上《うえ》に立《た》ちどまり
沈《しず》んでいくお日《ひ》さまを
いっしょにながめてから
右《みぎ》と左《ひだり》へと
さようならをした

なかじまあやこ

## 道端《みちばた》の草《くさ》

永田　喜久男

茎《くき》に轍《わだち》のあと　残《のこ》したまま
上《うえ》を向《む》いている

風《かぜ》に押《お》され　押《お》されても
上《うえ》を向《む》く

台風《たいふう》去《さ》った　秋空《あきぞら》の下《した》で

ながたきくお

# 母《かあ》さんは泣《な》いた

中原　千津子

わたしは　小《ちい》さいころから弱《よわ》くて
幼稚園《ようちえん》にも行《い》けなくて
お医《い》しゃさんの家《いえ》の二階《にかい》のへやに
親子三人《おやこさんにん》で住《す》まわせて貰《もら》っていた

友《とも》だちもなくて　天井《てんじょう》のふし穴《あな》を
動物《どうぶつ》に見《み》たてて　暮《く》らしていた
ウサギだの　キツネだの

ある日《ひ》　母《かあ》さんは思《おも》い立《た》った
お百度参《ひゃくどまい》りをしよう！
わたしを負《お》ぶって　神社《じんじゃ》に出《で》かけ
御堂《みどう》と百度石《ひゃくどいし》のあいだを百回《ひゃっかい》

ひたすら　祈《いの》り　まわった
「この子《こ》がよくなりますように」
帰《かえ》りには抱《だ》き人形《にんぎょう》を買《か》ってくれた

とつぜん　わたしは思《おも》った
この人《ひと》わたしの母《かあ》さんだろうか？
負《お》ぶわれたまま　しっぽを探《さが》した

帰《かえ》ると「母《かあ》さんはタヌキ？」とた
ずねた

母《かあ》さんは泣《な》いた

なかはらちづこ

# とり残《のこ》された言葉《ことば》

中村　みちこ

丹沢《たんざわ》の峰《みね》が浮《う》かぶ
病室《びょうしつ》の窓辺《まどべ》
ベッドに横《よこ》たわる母《はは》

命《いのち》の時間《じかん》を知《し》りつつ
故郷《こきょう》の沖縄《おきなわ》の海《うみ》に
孫《まご》を連《つ》れて行《い》こうと言《い》う母《はは》
そうだねと返《かえ》す私《わたし》

現実《げんじつ》をさけた会話《かいわ》は
むなしく床《ゆか》に
ポロポロと落《お》ちた

いままで本当《ほんとう》にありがとう
このひと言《こと》は
母《はは》に言《い》えないいまま
今《いま》も私《わたし》の中《なか》にある

なかむらみちこ

# かさ

南郷　芳明

いつものことだが
その日《ひ》も　やはり
かさは　雨《あめ》に打《う》たれていた
それが自分《じぶん》の役目《やくめ》だから
気《き》にしなくてもいいよ
とでも言《い》うように

かさをさしていても
少《すこ》しはぬれる
けれども　かさは
自分《じぶん》が　ずぶぬれになることで
たえられるつらさに
してくれていたのだ

ぼくは　ぼくを守《まも》り
かさになってくださった
人《ひと》たちのことを思《おも》い
その笑顔《えがお》に
ありがとうと言《い》った

それから　ぼくは
どうすることもできず
守《まも》ってあげられなかった
人《ひと》たちのことを思《おも》い
その泣《な》き顔《がお》を　だきしめた

なんごうよしあき

# 雨《あま》だれ

新野　道子

真夜中《まよなか》に降《ふ》った雨《あめ》の残《のこ》りが
ポッツン
雨《あま》どいの小《ちい》さな穴《あな》からこぼれて
朝《あさ》の光《ひかり》の中《なか》を落《お》ちていく

ポツ　ポツ　ポツ　ポツ　ポツ
メトロノームにあわせるように
同《おな》じリズムで落《お》ちていく

ポポポポポポポポポ・・・・
雨《あま》だれは急《きゅう》にせわしく落《お》ちて
ふっと気《き》がついて歌《うた》う
早口言葉《はやくちことば》の春《はる》の歌《うた》

調子《ちょうし》はずれの歌《うた》が落《お》ちていく
春《はる》の光《ひかり》の中《なか》を落《お》ちていく

地面《じめん》にできた水《みず》たまり
白《しろ》い雲《くも》が影《かげ》を映《うつ》し

いつのまにか
オタマジャクシが泳《およ》いでいる

やがて
水《みず》たまりは地面《じめん》に吸《す》いこまれ
大地《だいち》に去《さ》っていく

にいのみちこ

# 地球《ちきゅう》のひとりごと　にしかわ　とよこ

わたしの上《うえ》でくらしている
人間《にんげん》という小《ちい》さきものは
わたしにぐっと穴《あな》を開《あ》け
中《なか》のものをほりだしたり
なにかを作《つく》ったり　いそがしい

最近顔《さいきんかお》があついのは
人間《にんげん》たちが押《お》し出《だ》した
シーオーツーのせいらしい
人間《にんげん》たちはわたしのために
減《へ》らす努力《どりょく》をしているらしい
それよりわたしの体《からだ》の上《うえ》で
ヒューヒュードンドンボウボウと
争《あらそ》い合《あ》うのを　やめないか
減《へ》らしたはずのシーオーツーが
どんどん増《ふ》えてきてないか？

このごろ吹《ふ》き出《で》ものや肌《はだ》あれを
気《き》づけばポリポリかいている
ツメを立《た》てたら滅《ほろ》びるような
わたしの上《うえ》の小《ちい》さきものを
ながめて　四十六億年《よんじゅうろくおくねん》

にしかわとよこ

## 「後生《ごしょう》の一大事《いちだいじ》」　西野　すみれ

「コロナ禍《か》」と「北《きた》の国《くに》の戦火《せんか》」
近年《きんねん》　多《おお》くの死《し》を見聞《みき》きした

この命《いのち》は　誰《だれ》から貰《もら》った命《いのち》？
私達《わたしたち》は　この世《よ》に命《いのち》を頂《いただ》いて
様々《さまざま》なご縁《えん》の中《なか》で　生《い》きている
※諸行無常《しょぎょうむじょう》　何《なに》が起《お》こるか分《わ》からな
い

悪《わる》い時《とき》は　ひたすら悪《わる》い事《こと》が続《つづ》く

僕《ぼく》の近《ちか》しい叔父《おじ》さんが
突然《とつぜん》の早世《そうせい》　二四歳《にじゅうよんさい》で逝《い》った
叔父《おじ》さんは　僕《ぼく》の憧《あこが》れだった
驚《おどろ》きと恐《こわ》さの中《なか》で葬儀《そうぎ》が始《はじ》まった

---

近《ちか》しい者《もの》の死《し》のご縁《えん》で
初《はじ》めて※仏法《ぶっぽう》に巡《めぐ》り合《あ》い触《ふ》れた
私達《わたしたち》は今《いま》　死《し》ぬと思《おも》っていない
だから※傲慢《ごうまん》になる
命《いのち》に感謝《かんしゃ》しながら生《い》きたい
さ・す・れば　※謙虚《けんきょ》になれる

私達《わたしたち》は皆《みな》　必《かなら》ず死《し》にます
生《う》まれた後《あと》の一大事《いちだいじ》は「死《し》です」
鎌倉時代《かまくらじだい》の平均寿命《へいきんじゅみょう》は二四歳《にじゅうよんさい》

「今生《いまい》きている」　毎日《まいにち》を大切《たいせつ》に
それが何《なに》より尊《とうと》いものであります

※　諸行無常《しょぎょうむじょう》（仏教《ぶっきょう》の根本《こんぽん》思想《しそう》・万物《ばんぶつ》は常《つね》に変化《へんか》して少《すこ》しの間《あいだ》も、とどまらないと言《い》うこと）
仏法《ぶっぽう》（仏《ほとけ》の説《と》いた教法《きょうほう》）
傲慢《ごうまん》（見《み》くだして、礼《れい》を欠《か》くこと）
謙虚《けんきょ》（ひかえめで素直《すなお》なこと）

にしのすみれ

## 聞《き》いてよ　野原　にじうお

おかあさんのことばは
こうそくどうろ
いつなにどこ？

おかあさんのことばは
しんかんせん
だれそれあのこ？

だけど
わたしのことばは
じゅうたいしてる

いそぐと
のどのじゃぐちが
きゅっとなるんだ

だから　だからね
おかあさん
もすこし　ゆっくりしてほしい
もすこし　すわっていてほしい

だって
ちゃんと　あるんだ
わたしのことば
じゃぐちのおくに　あるんだよ
ちゃんと

のはらにじうお

# おおぜいの　ぼく

浜野木　碧

うしろを　ふりかえると
おおぜいの　ぼくが
順番《じゅんばん》に　ならんでいた

よちよちと　歩《ある》きはじめた　ぼく
自転車《じてんしゃ》に　またがっている　ぼく
肩《かた》を震《ふる》わせ　涙《なみだ》をこらえる　ぼく

どの　ぼくも
目《め》の前《まえ》の　できごとに
真剣《しんけん》に　向《む》きあっていた

それぞれの　場所《ばしょ》で
笑《わら》ったり　泣《な》いたり
考《かん》がえこんだり　していた

長《なが》くつながった　この列《れつ》の
先頭《せんとう》に立《た》っている
今《いま》の　ぼくも

同《おな》じように
「あのときの　ぼく」の
ひとりに　なっていくんだ

はまのぎみどり

# 好《す》き

林　佐知子

あの子《こ》が　好《す》き
あの人《ひと》が　好《す》き

じぶん以外《いがい》の
だれかが　好《す》き

では　じぶんは?
じぶんが　好《す》き?

世界《せかい》で　ひとり
地球《ちきゅう》で　ひとり
宇宙《うちゅう》で　ひとり

ただ　ひとりの

はやしさちこ

## 苦《くる》しい時《とき》こそ　はやし　ゆみ

つらくて苦《くる》しくて
どうにもならない時《とき》がある

そういう時《とき》こそ
心《こころ》は笑顔《えがお》でいたい

苦《くる》しいのは自分《じぶん》だけではない
みんな苦《くる》しいのだと思《おも》いたい

苦《くる》しい時《とき》こそ　笑《わら》っていたい

そうすれば　きっと
良《よ》いこともあると

---

思《おも》いたい

限《かぎ》りある命《いのち》なのだから

苦《くる》しい時《とき》こそ　楽《たの》しい気持《きも》ちで
過《す》ごしたい

苦《くる》しい時《とき》は　ずっと続《つづ》かないと
思《おも》うから

同《おな》じ時間《じかん》を過《す》ごすなら
苦《くる》しいと思《おも》う心《こころ》を
笑顔《えがお》にかえたい

はやしゆみ

# 十五歳《じゅうごさい》

原田　亘子

空《そら》のせせらぎに誘《さそ》われて
思《おも》いのたけ　そよぐ
ポプラの樹《き》

まっすぐに空《そら》へ
五月《ごがつ》の丘《おか》

わたしのこころのなか
遥《はる》かむこうから
まぶしく手招《てまね》きする風《かぜ》が
そよぎだす

名《な》づけようのない駅《えき》の
プラットホームに
いま、わたしは立《た》っている

空《そら》の彼方《かなた》
光《ひかり》のように降《お》りてくる乗《の》り物《もの》を
（それは生《う》まれたときからの）
約束《やくそく》のように
待《ま》ちながら

はらだのぶこ

# 明《あか》るい未来《みらい》へ

はるかぜ　そよか

星《ほし》がまたたき
月《つき》の光《ひかり》が暗《くら》やみを照《て》らしている

何百年《なんびゃくねん》も昔《むかし》から
人々《ひとびと》は夜空《よぞら》を見上《みあ》げ
そこにはいつも
果《は》てしない宇宙《うちゅう》が広《ひろ》がっていた

あこがれだった天空《てんくう》の世界《せかい》も
今《いま》は宇宙《うちゅう》ステーションが浮《う》かび
月《つき》への旅行《りょこう》も現実《げんじつ》になった

時代《じだい》は進《すす》んでいる

物語《ものがたり》だった未来《みらい》は
そこまで来《き》ている

世界中《せかいじゅう》の悲《かな》しみや苦《くる》しみを
みんなで乗《の》り越《こ》えて
新《あたら》しい時代《じだい》へ向《む》かおう

アンズ色《いろ》に輝《かがや》く満月《まんげつ》を見上《みあ》げ
この空《そら》の下《した》のすべての人々《ひとびと》に
希望《きぼう》の光《ひかり》がさすことを祈《いの》った

はるか昔《むかし》の人《ひと》は夜空《よぞら》を見上《みあ》げて
何《なに》を思《おも》っていたのだろうか

はるかぜそよか

## 流《なが》れる青《あお》い色《いろ》　樋口　てい子

若《わか》き日《ひ》過《す》ごした山陰《さんいん》の冬《ふゆ》
灰色《はいいろ》の曇天《どんてん》が続《つづ》く
時折《ときおり》の晴天《せいてん》の嬉《うれ》しさ
青《あお》い空《そら》
青《あお》い色《いろ》への憧憬《しょうけい》
テレビが映《うつ》した英国《えいこく》の陶器《とうき》
その名《な》「フローブルー」
流《なが》れる青色《あおいろ》
流《なが》れる青《あお》い色《いろ》

英国《えいこく》の感性《かんせい》と
ひそやかにリンクした嬉《うれ》しさ

ひぐちていこ

## おおきにヒバカリさん　久冨　じょうじ

私《わたし》、ヒバカリ　へびです
小《ちい》さいです　細《ほそ》いです
でも……
こわがられます
きらわれます
友《とも》だちになりたいのに……

ヒバカリ……
かまれた人《ひと》が
その日《ひ》ばかりの命《いのち》……なんだって
でもうそです
どくなんてありません
いじめられなければ

ぜったいにかみません
友《とも》だちになりたいから……

ちっちゃいし　かまないし
おとなしいし
初《はじ》めてへびにさわれたよって
言《い》われました
お礼《れい》を言《い》われました
おおきにヒバカリさん　て

ほんまに　そんなこんなで
おつきあいくださり
おおきに　はばかりさん

ひさとみじょうじ

# 四季《しき》の詩《うた》　―きみとのお別《わか》れの一年《いちねん》―

ひさとみ　純代

ただ無邪気《むじゃき》に遊《あそ》んでいた
陽《ひ》だまりは　きみの温《ぬく》もり
日毎《ひごと》に春《はる》が咲《さ》きすすむ　庭《にわ》
若《わか》い季節《きせつ》は息苦《いきぐる》しくて
夕《ゆう》やみも　ふるえていました

夏《なつ》　夕立《ゆうだち》のあと
しめった土《つち》の匂《にお》い
風通《かぜとお》る木《き》の下《した》で
じっと目《め》を閉《と》じていた　きみ
レンガ道《みち》に　またセミの声《こえ》が響《ひび》き
一日《いちにち》でも　永《なが》く　辛《つら》くないように
祈《いの》るばかりの日々《ひび》でした

やがて空《そら》が高《たか》くなって　秋《あき》
幻《まぼろし》のような雪虫《ゆきむし》とんだ日《ひ》
その不思議《ふしぎ》な動《うご》きを　きみと
ぼうっと見上《みあ》げていたこと
それが　きみとの最後《さいご》の思《おも》い出《で》

きみのいない冬《ふゆ》　寒《さむ》くて淋《さび》しくて
空《から》っぽの心《こころ》で焼《や》いた　くるみパン
とりつかれたように弾《ひ》いたピアノ
やがて　春《はる》がめぐってきます
きみと過《す》ごした時間《とき》を　なぞって
また一年《いちねん》が始《はじ》まります

ひさとみすみよ

## 砂上《さじょう》のラーメン　ひらいで　鏡子

あの
砂浜《すなはま》にこぼしてしまったラーメン
もう跡形《あとかた》もないはずだ
三十年以上《さんじゅうねんいじょう》も前《まえ》の事《こと》だから

五歳《ごさい》くらいの頃《ころ》
女《おんな》の子《こ》は海水浴《かいすいよく》の帰《かえ》りに
売店《ばいてん》のカップラーメンを見《み》た
食《た》べたいと言《い》って駄々《だだ》をこね
もうすぐ電車《でんしゃ》が来《く》ると言《い》われても
帰《かえ》れば夕《ゆう》ご飯《はん》だとなだめられても
泣《な》き続《つづ》けた

やっと買《か》ってもらったラーメンを
渡《わた》されて女《おんな》の子《こ》は大喜《おおよろこ》びした
一口《ひとくち》食《た》べようとした瞬間《しゅんかん》
あっ、ああー！
お・と・し・ま・し・た
口《くち》を開《あ》けたままポカンとした後《あと》
女《おんな》の子《こ》は前《まえ》の時《とき》よりも大泣《おおな》きした
お父《とう》さんとお母《かあ》さんは黙《だま》っていた

女《おんな》の子《こ》がお母《かあ》さんになった
ラーメンの事《こと》は覚《おぼ》えていると笑《わら》う
落《お》とせない大事《だいじ》なものがあるよと
子《こ》どもを優《やさ》しく抱《だ》き上《あ》げた

ひらいできょうこ

風《かぜ》あざみ　ふくい　かずみ

夏《なつ》の　野《の》の風《かぜ》に
ゆれて咲《さ》いている　あざみ

りんとして
しなやかに
強《つよ》く　やさしく
たくましく

お前《まえ》は　いつも
私《わたし》を　はげましてくれる
野生《やせい》の花《はな》
風《かぜ》あざみ

ふくいかずみ

# みのむし

福本　恵子

くりかえすうたを
きょうもくりかえす
なにになるのか
どこへゆくのか
みののなかで　ひとり
うたっていると
こころのうたが
かさねるうたが
じぶんをつつんで
いるのがわかる

かけてゆくもの
なきかわすもの

きこえてくると
うたがこぼれる
ひかりのなかで
みのをさるとき
あらたなうたが
うまれるだろう
みののなかで　ひとり
あつくなっている

ふくもとけいこ

# こころ

藤本　美智子

ゆうがたの
テレビに　うつった
白《しろ》くまの　赤《あか》ちゃん
小《ちい》さくて　ぬいぐるみのよう
まあ　かわいい
長《なが》いあいだ　ねむっていた
「まあ」の　こころが
目《め》をさますよ

たいせつに
そだてた　あさがお
つぼみが　ひらいた
すみきった　そらいろの花《はな》だ

わあ　うれしい
いつのまにか　わすれていた
「わあ」の　こころが
あふれだすよ

ふじもとみちこ

# 宮沢賢治《みやざわけんじ》ノ詩《し》ノヨウニ

星野　良一

宮沢賢治《みやざわけんじ》ノ詩《し》ノヨウニ
ワタシハナリタクアリマセン
雨《あめ》ニ負《ま》ケテモ風《かぜ》ニ負《ま》ケテモ
ワタシハ変《か》ワラズコノ世《よ》デ一番《いちばん》
自分自身《じぶんじしん》ガ大切《たいせつ》ダカラ
ジリジリ進《すす》ム温暖化《おんだんか》
ソレデモ死《し》ヌヨリマダマシト
言《い》イ訳《わけ》シナガラ点《つ》ケルノデス
冬《ふゆ》ニハ迷《まよ》ワズ暖房《だんぼう》ヲ
夏《なつ》ニハ必《かなら》ズ冷房《れいぼう》ヲ
自分《じぶん》ニ余裕《よゆう》ガアル時《とき》ダケシカ
他人《たにん》ニ優《やさ》シクデキマセン
食《た》ベ過《す》ギ飲《の》ミ過《す》ギソノ後《あと》デ

トッテモイイ詩《し》ガ書《か》ケタナラ
褒《ほ》メラレタイシ賞《しょう》モ欲《ほ》シイシ
欲《よく》ト添《そ》イ寝《ね》デ朝寝坊《あさねぼう》
モシモコノ詩《し》ニ首《くび》ヲ振《ふ》ルナラ
ソンナアナタハ神様《かみさま》デショウ
モシモコノ詩《し》ニ頷《うなず》クノナラ
ソンナアナタハ正直《しょうじき》デショウ
イズレニシテモ願《ねが》ウノハ
等身大《とうしんだい》ノ我《わ》ガ命《いのち》
反省《はんせい》シナガラ愛《あい》シ抜《ぬ》ク
ソウイウモノニ
ワタシハナリタイ

ほしのりょういち

# ぼくの影《かげ》ぼうし

ほてはま　みちこ

ぼくが　歩《ある》くと
あいつも　歩《ある》く
ぼくが　走《はし》ると
あいつも　走《はし》る
ぼくが　止《と》まると
あいつも　止《と》まる

ぼくが　まねをするなって
こぶしを　ふり上《あ》げ
おこったふりを　すると
まねなんか　するものかと
おとなのふりを　して
あたまを　なでる

ぼくの　影《かげ》ぼうし
ぼくに　よりそって
泣《な》いたり　わらったり
長《なが》くなったり　短《みじか》くなったり
時《とき》おり　影《かげ》の中《なか》に
かくれてしまう

ともだちが　いないと
ぼくは　さみしい
泣《な》きたいとき　わらいたい時《とき》
ぼくのそばに　いてほしい
だって　ぼくの分身《ぶんしん》
ぼくの　ともだち

ほてはまみちこ

## きがん　牧山　ののは

あしがはやいこが　つくるなら
てるてるぼうずは
あたまがうえだね

あしがおそいこが　つくるなら
てるてるぼうずは
あたまがしただね

はれにもあめにも　できぬから
てるてるぼうずは
あたまがいたいね

はれにもあめにも　できぬなら
くもりにするのは
いかがでしょう

さいこうめいどの　ひとかけら
くもまにさしては
いかがでしょう

さいごのひとりの　かみかしら
くもいがおくるは
がんばりしょう

まきやまののは

# はるいちばん

松下　由布子

ゆれる　ゆれるよ
　るるるる
はるの　かぜに
　ららら
ぼくの　こころも
　かろやかに
みつけた　みつけた
　つくしのこ
おもわず　そっと　つぶやいた

---

こんにちは
つくしの　あかちゃん
　ゆれていた

まつしたゆふこ

# むらさき　お宿《やど》

眞鍋　ホウセイ

風《かぜ》にゆられて
野辺《のべ》に咲《さ》く
暑《あつ》い夏《なつ》に
たえてきた
あざみとのぎく
うれいをひめた
むらさき色《いろ》は
やさしい秋《あき》の
においです
うすむらさきの
のぎくの花《はな》は
いつもトンボが
とまります

あかむらさきの
あざみの花《はな》は
ゆらゆらゆれる
チョウチョのお宿《やど》
冬《ふゆ》が近《ちか》くに
なったとき
二《ふた》つのお宿《やど》は
しまります
どうぞ　ゆっくり
休《やす》んでね

まなべほうせい

# コロナの波《なみ》を乗《の》り超《こ》えよう

みずたに　ゆみ

コロナ禍《か》だからって
心《こころ》まで　小《ちい》さくなることはない

なかなか会《あ》えない友達《ともだち》とは
久《ひさ》しぶりに長電話《ながでんわ》をしよう

祖父母《そふぼ》に　葉書《はがき》を出《だ》そう
「おかわりないですか？」と

好《す》きな人《ひと》には
昔《むかし》の人《ひと》のように
恋文《こいぶみ》をしたためよう

会《あ》えない代《か》わりにできることを
捜《さが》してみよう

昔《むかし》の人《ひと》を見習《みなら》って
暮《く》らしてみるのも
新鮮《しんせん》で　楽《たの》しい

インターネットで顔《かお》を見《み》ながら
話《はな》すこともできる
今《いま》までやったことのないことに
挑戦《ちょうせん》してみよう
心《こころ》が喜《よろこ》ぶことをやってみよう
心《こころ》が大《おお》きく　広《ひろ》がるにちがいない

## 命《いのち》

三好　清子

命《いのち》ってどんな形《かたち》をしているの？
色《いろ》は？
香《かお》りはあるの？

それはね
君《きみ》が好《す》きな形《かたち》
好《す》きな色《いろ》
好《す》きな香《かお》りをつけて
思《おも》い描《えが》いてみるといいよ

君《きみ》の命《いのち》だもの

君《きみ》の好《す》きな形《かたち》
君《きみ》の好《す》きな色《いろ》
君《きみ》の好《す》きな香《かお》り

するとね
今《いま》より　きっと
君《きみ》の命《いのち》のこと　もっと
好《す》きになると思《おも》うよ

みよしせいこ

# もうすぐ　もり　みか

まだ少《すこ》し
冷《つめ》たい風《かぜ》の日《ひ》が多《おお》く
さなぎはじっとしています

とろとろとけたその中《なか》で
大事《だいじ》なものはとかさずに
そおっと息《いき》をしています

ほらね
そとから見《み》えないけれど
重《おも》いからだは軽《かる》くなり
大《おお》きな羽《はね》も生《は》えました

---

赤《あか》ちゃんが
初《はじ》めておしゃべりするまでに
たくさんことばを聞《き》くように

ちょっとすてきなできごとが
始《はじ》まる前《まえ》の瞬間《しゅんかん》は
こんな風《ふう》です
とっても静《しず》か

もりみか

# ミ・ライ

森木　林

ミ・ライ
ミ・ライ
お口《くち》のなかには　ミライがあって
味《あじ》のつぼみが　まっている

あまい
しょっぱい
すっぱい
にがい
うま味《み》の　つぼみも　まっている
イノシン・グアニル・グルタミン
スイカは　お塩《しお》で　あまくなる

チョコの　カカオは　ほろにがい
たっぷり　スパイス　極上《ごくじょう》カレー
酢《す》めしが　きめ手《て》の　ちらし寿司《ずし》

ひとつの味《あじ》では　生《う》まれない
あま・にが・すっぱい
うま味《み》に　しょっぱい
まろく　ゆたかに　ともにあり
味《あじ》のつぼみが　はなひらく

ぼくは　ミライで　味《あじ》わいつくす
ミライが　ぼくを　まっている
ミライが　ぼくを　まっている

もりきりん

# 春《はる》のにおい

山下　美樹

南風《みなみかぜ》がふわり
運《はこ》んできたよ

おひさまに
てらされて
ほこほこした
土《つち》のにおい

ジンチョウゲや
モクレンの
甘《あま》くて青《あお》い
花《はな》のにおい

あたたかく
しっとりした
空気《くうき》のにおい

胸《むね》いっぱいに
感《かん》じたい
心《こころ》がはずむ
春《はる》のにおい

……ん？
……は！
……はーっくしょん！

やましたみき

# 赤城《あかぎ》おろし　山田　よう

空《から》っ風《かぜ》に　自転車《じてんしゃ》をこぐ
こいでも　こいでも　進《すす》まない

きょうは　ほんとにキュンとした

十四才《じゅうよんさい》　二月生《にがつう》まれの誕生会《たんじょうかい》
クラスのみんなが　書《か》いてくれた
水色《みずいろ》の色紙《しきし》に
こっそりあった

I see tell（アイシテル）

だれだろう

---

あのこかな
彼《かれ》かな
それとも……

滅茶苦茶文法《めちゃくちゃぶんぽう》のありえない英語《えいご》が
わたしの頭《あたま》をかけめぐる
下校《げこう》のペダルをこぎまくる
　　こぎまくる

赤城山《あかぎやま》がじーっと
　　わたしを見《み》ていた

やまだよう

## 銀河鉄道《ぎんがてつどう》　山部　京子

さあ出発《しゅっぱつ》しよう煌《きらめ》く星《ほし》の海《うみ》へ
きみを乗《の》せる銀河鉄道《ぎんがてつどう》
心《こころ》の旅路《たびじ》
どこまで行《い》けるのか
果《は》てしない銀河《ぎんが》のレール
パスポートはきみのハート
期待握《きたいにぎ》りしめて
　星《ほし》の数《かず》ほどある夢《ゆめ》
　手《て》をのばしたとき
その遠《とお》さに初《はじ》めて気《き》づく
見上《みあ》げていた空《そら》では同《おな》じ輝《かがや》きの光《ひかり》
ひとつひとつ違《ちが》う顔《かお》で
きみを待《ま》っている

戦《たたか》い止《や》まない星《ほし》…白黒反対《しろくろはんたい》の星《ほし》…
安《やす》らぎと愛《あい》に満《み》ちても
はかなく消《き》えゆく星《ほし》
何《なに》が正《ただ》しいのか？
何《なに》を目指《めざ》しているのか？
答《こた》えも地図《ちず》も見《み》えない
無法《むほう》の砂漠《さばく》
　星《ほし》の数《かず》ほどある正義《せいぎ》
　迷《まよ》ったときには
きみの優《やさ》しさが道《みち》しるべ
だれかの痛《いた》み思《おも》い流《なが》す辛《つら》い涙《なみだ》は
きみを守《まも》る強《つよ》さになって
旅《たび》はこれからも続《つづ》く…

（篠原隆志作曲「銀河鉄道」に書いた歌詞です）

やまべきょうこ

# 色《いろ》・いろいろ　湯川　昌子

色《いろ》には、無数《むすう》の色《いろ》がある。
　虹《にじ》の色《いろ》は、七色《なないろ》とは限《かぎ》らない。
混色《こんしょく》を入《い》れると、沢山色《たくさんいろ》がある。
　シャボン玉《だま》にも、色《いろ》がある。
光《ひかり》を浴《あ》びて、何色《なんしょく》にも見《み》える。
シャボン玉《だま》は儚《はかな》い。すぐ消《き》える。
儚《はかな》いが、光《ひかり》に当《あ》たると、キラキラ
して、色《いろ》が透《す》き通《とお》って美《うつく》しい。
飴玉《あめだま》にも、色《いろ》んな色《いろ》がある。
食《た》べると美味《おい》しい。心《こころ》を和《なご》ませる
色《いろ》と味《あじ》がある。老若男女《ろうにゃくなんにょ》楽《たの》しめる
　雨《あめ》にも、色《いろ》がある。
光《ひかり》を通《とお》して、風景《ふうけい》を映《うつ》し出《だ》す。

色《いろ》のついた、ガラスの色《いろ》である。
　花《はな》にも、色《いろ》んな色《いろ》がある。
濃《こ》い色《いろ》。淡《あわ》い色《いろ》。派手《はで》な色《いろ》。
初《はじ》めて見《み》る色《いろ》。花《はな》の種類《しゅるい》は何万《なんまん》。
花《はな》の色《いろ》は、私達《わたしたち》の心《こころ》を癒《いや》す。
　色《いろ》は様々《さまざま》、無数《むすう》で、哀愁《あいしゅう》をもち
私達《わたしたち》の心《こころ》を、慈《いつく》しみ癒《いや》す色《いろ》がある
　色《いろ》のない世界《せかい》は、考《かんが》えられない
闇《やみ》だ!!　私達《わたしたち》は色《いろ》に
安《やす》らぎを、与《あた》えられている。
色《いろ》よ!!　最高《さいこう》だ!!
ありがとう!!

ゆかわまさこ

# 空《そら》の課外授業《かがいじゅぎょう》　よこすか　しおん

太陽《たいよう》がニコニコ笑《わら》っている日《ひ》
空《そら》は青空《あおぞら》　心《こころ》まで晴《は》れやかで
身体《からだ》もポカポカあったかい

太陽《たいよう》のように笑《わら》っている友達《ともだち》
雨雲《あまぐも》のように泣《な》いている友達《ともだち》
雷《かみなり》のように怒《おこ》っている友達《ともだち》
みんな大切《たいせつ》な友達《ともだち》だけど
一緒《いっしょ》にいたい友達《ともだち》って
どんな友達《ともだち》？

お空《そら》の天気《てんき》は変《か》えられないが
自分《じぶん》の態度《たいど》なら変《か》えられる

いつでも笑顔《えがお》の自分《じぶん》でいよう
ポカポカあったかい自分《じぶん》でいよう
別《わか》れ間際《まぎわ》にせつなくさせる
夕暮《ゆうぐ》れ時《どき》は　いつでも優《やさ》しい
いちばん大好《だいす》きな　祖母《そぼ》の色《いろ》

遠《とお》い空《そら》からご先祖様《せんぞさま》が
いつでも見守《みまも》ってくれている
忘《わす》れかけていた大切《たいせつ》な夢《ゆめ》
やっと今思《いまおも》い出《だ》した
不思議《ふしぎ》な魔法《まほう》にかけられている
夕焼《ゆうや》け雲《ぐも》が教《おし》えてくれる
心《こころ》の中《なか》に蘇《よみがえ》る大切《たいせつ》な記憶《きおく》

よこすかしおん

## 笑顔《えがお》の希望《のぞみ》　佳衣　眞壽美

「縁起《えんぎ》の悪《わる》い日《ひ》に生《う》まれたね」
その一言《ひとこと》に心《こころ》が涙《なみだ》した
何日《なんにち》も何日《なんにち》も続《つづ》く
灰色《はいいろ》の世界《せかい》

夢《ゆめ》で見《み》た
祖母《そぼ》からのメッセージ
「災害《さいがい》の起《お》きた日《ひ》に誕生《たんじょう》した
尊《とうと》い命《いのち》
逞《たくま》しく成長《せいちょう》したのんちゃんを
誇《ほこ》りに思《おも》うよ
だぁいじょうぶ
のんちゃんの笑顔《えがお》で
周《まわ》りの人達《ひとたち》を幸《しあわ》せにしてね」

目覚《めざ》めた瞬間《しゅんかん》から
彩《いろど》りに満《み》ちている
私《わたし》の世界《せかい》
目覚《めざ》めた瞬間《しゅんかん》から
ジャンプしたくなるほど軽《かる》い
私《わたし》の心《こころ》と体《からだ》

「おはよう！」
自然《しぜん》に
ほほえみが零《こぼ》れた

# ふる里《さと》の絵日記《えにっき》

吉田　房子

利根川土手《とねがわどて》に　春《はる》が来《き》て
たんぽぽ　すみれ　土筆《つくし》たち
みんないっしょに　目《め》をさます
小鳥《ことり》さんたちも　喜《よろこ》んで
春《はる》が来《き》たよと　歌《うた》い出《だ》す
野《の》うさぎ　きつね　顔出《かおだ》した
ああ　利根川《とねがわ》は　お母《かあ》さん

土手《どて》の草《くさ》むら　虫《むし》すだき
スーパー堤防《ていぼう》　出来《でき》ている
ぐるりと周《まわ》り　見渡《みわた》すと
西《にし》から北《きた》への　山並《やまな》みが
大《おお》きなパノラマ　広《ひろ》げてる

埴輪《はにわ》の眠《ねむ》る　この地方《ちほう》
自然《しぜん》と歴史《れきし》　果《は》てしなく
見《み》つめる大河《たいが》に　海《うみ》を見《み》る

赤城《あかぎ》の山《やま》に　冬《ふゆ》が来《き》て
ビュービュー北風《きたかぜ》　吹《ふ》き荒《すさ》ぶ
向《む》き合《あ》う風《かぜ》が　冷《つめ》たくて
手足《てあし》も顔《かお》も　凍《こご》えてる

いいかしっかり頑張《がんば》れと
大《おお》きな声《こえ》が聞《き》こえるよ
赤城《あかぎ》の山《やま》は　お父《とう》さん

よしだふさこ

NDC911 子どものための少年詩集編集委員会
神奈川 銀の鈴社
119頁 21cm （子どものための少年詩集 2022）



子どものための少年詩集 2022

2022年11月22日初版発行
定価：本体 2,400円＋税

編　者——子どものための少年詩集編集委員会Ⓒ
発 行 者——西野大介
発　行——株式会社 銀の鈴社
〒248-0017 神奈川県鎌倉市佐助 1-18-21 万葉野の花庵
電話：0467（61）1930 FAX：0467（61）1931
**https://www.ginsuzu.com** info@ginsuzu.com
〈創刊1984年「現代少年詩集」編集代表：秋原秀夫〉

ISBN 978-4-86618-138-7 C8092
印刷・電算印刷 製本・渋谷文泉閣

# …ジュニアポエムシリーズ…

1 鈴木敏史詩集 宮下琢郎・絵 星の美しい村 ★☆
2 小池知子詩集 高志孝子・絵 おにわいっぱいぼくのなまえ ★☆
3 鶴岡千代子詩集 武田淑子・絵 白い虹 児文芸新人賞
4 楠木しげお詩集 久保雅勇・絵 カワウソの帽子
5 津坂治男詩集 垣内美穂・絵 大きくなったら ★◇
6 後藤れい子詩集 山本まつ子・絵 あくたれぼうずのかぞえうた
7 北村蔦子詩集 柿本幸造・絵 あかちんらくがき
8 吉田瑞穂詩集 吉田翠・絵 しおまねきと少年 ☒★◎
9 新川和江詩集 葉祥明・絵 野のまつり ★☆
10 阪田寛夫詩集 織茂恭子・絵 夕方のにおい ◆★☆○
11 高田敏子詩集 若山憲・絵 枯れ葉と星 ★☆
12 原田直友詩集 吉田翠・絵 スイッチョの歌 ★◎
13 小林純一詩集 久保雅勇・絵 茂作じいさん ◉★☆♪◎
14 長谷川俊太郎詩集 長新太・絵 地球へのピクニック ★◎◇
15 与田準一詩集 深沢省三・深沢紅子・絵 ゆめみることば ★

16 岸田衿子詩集 中谷千代子・絵 だれもいそがない村
17 江間章子詩集 榊原直美・絵 水と風 ◇◎
18 原田直友詩集 小野まり・絵 虹—村の風景— ★
19 福田正夫詩集 福田達夫・絵 星の輝く海 ★☆
20 草野心平詩集 長野ヒデ子・絵 げんげと蛙 ★☆○◇
21 宮田滋子詩集 青木まさる・絵 手紙のおうち ☆○
22 久保田昭三詩集 斎藤彬子・絵 のはらでさきたい
23 鶴岡千代子詩集 加倉井和夫・武田淑子・絵 白いクジャク ★♪
24 尾上尚子詩集 まど・みちお・絵 そらいろのビー玉 ★☆児文協新人賞
25 水上紅詩集 深沢紅子・絵 私のすばる ☆
26 野呂昶詩集 福島一二三・絵 おとのかだん ★
27 こやま峰子詩集 武田淑子・絵 さんかくじょうぎ ☆
28 青戸かいち詩集 駒宮録郎・絵 ぞうの子だって
29 まきたかし詩集 福田達夫・絵 いつか君の花咲くとき ★☆♡
30 薩摩忠詩集 駒宮録郎・絵 まっかな秋 ★☆♡

31 新川和江詩集 福島一二三・絵 ヤァ！ヤナギの木 ★☆○♡
32 井上靖詩集 駒宮録郎・絵 シリア沙漠の少年 ★☆♡
33 古村徹三詩・絵 笑いの神さま
34 江上波夫詩集 青空風太郎・絵 ミスター人類 ○☆
35 秋原秀夫詩集 鈴木義治・絵 風の記憶 ★◎
36 水村三千夫詩集 武田淑子・絵 鳩を飛ばす
37 久冨純江詩集 渡辺安芸夫・絵 風車 クッキングポエム
38 日野生三詩集 吉野晃希男・絵 雲のスフィンクス ★
39 佐藤雅子詩集 佐藤太清・広瀬きよみ・絵 五月の風 ★
40 小黒恵子詩集 武田淑子・絵 モンキーパズル ★
41 木村信子詩集 山本典子・絵 でていった
42 中野栄子詩集 吉田翠・絵 風のうた ☆
43 宮田滋子詩集 牧村慶子・絵 絵をかく夕日 ★
44 大久保テイ子詩集 渡辺安芸夫・絵 はたけの詩 ★☆
45 秋原秀夫詩集 赤星亮衛・絵 ちいさなともだち ♥

☆日本図書館協会選定（2015年度で終了）
★全国学校図書館協議会選定（SLA）
□少年詩賞　■茨城県すいせん図書
○厚生省中央児童福祉審議会すいせん図書
♪日本童謡賞　♧岡山県選定図書
♡日本子どもの本研究会選定
♥秋田県選定図書
♣愛媛県教育会すいせん図書
◇岩手県選定図書
◆京都府選定図書
☒芸術選奨文部大臣賞
◉赤い鳥文学賞　◆赤い靴賞

## …ジュニアポエムシリーズ…

46 日友靖子詩集 藤城清治・安西明美・絵 猫曜日だから ◆☆
47 秋葉てる代詩集 武田淑子・絵 ハープムーンの夜に ♡
48 こやま峰子詩集 山本省三・絵 はじめのいーっぽ ★♡
49 黒柳啓子詩集 金子滋・絵 砂かけ狐 ♡
50 三枝ますみ詩集 武田淑子・絵 ピカソの絵 ☆♡♪
51 夢虹二詩集 武田淑子・絵 とんぼの中にぼくがいる ♡○♥
52 はたちよしこ詩集 まど・みちお・絵 レモンの車輪 □♧
53 大岡信詩集 葉祥明・絵 朝の頌歌 ★☆♡♥◎
54 吉田瑞穂詩集 吉田翠・絵 オホーツク海の月 ★☆♡
55 さとう恭子詩集 村上保・絵 銀のしぶき ★☆♡
56 星乃ミミナ詩集 葉祥明・絵 星空の旅人 ★☆♡
57 葉祥明 詩・絵 ありがとう そよ風 ★♡▲
58 青戸かいち詩集 初山滋・絵 双葉と風
59 小野ルミ詩集 和田誠・絵 ゆきふるるん ★☆♪♡
60 なぐもはるき 詩・絵 たったひとりの読者 ★♡♧

61 小関秀夫詩集 小倉玲子・絵 風《かざ》栞《しおり》 ★♡♥
62 海沼松世詩集 守下さおり・絵 かげろうのなか ☆♡
63 山本龍生詩集 小倉玲子・絵 春行き一番列車 ♡
64 小泉周二詩集 深沢省三・絵 こもりうた ★☆♡
65 かわてせいぞう詩集 若山憲・絵 野原のなかで ♡★♥
66 えぐちまき詩集 赤星亮衛・絵 ぞうのかばん ♡◆♥
67 池田あきつ詩集 小倉玲子・絵 天気雨 ♡
68 藤井則行詩集 君島美知子・絵 友へ ♡♤
69 藤哲生詩集 武田淑子・絵 秋いっぱい ★♠
70 日友靖子詩集 深沢紅子・絵 花天使を見ましたか ★
71 吉田瑞穂詩集 吉田翠・絵 はるおのかきの木 ★
72 小島禄琅詩集 中村陽子・絵 海を越えた蝶 ☆★♥♡
73 にしおまさこ詩集 杉田幸子・絵 あひるの子 ★
74 山下竹二詩集 徳田徳志芸・絵 レモンの木 ★
75 高崎乃理子詩集 奥山英俊・絵 おかあさんの庭 ★♡

76 檜きみこ詩集 広瀬弦・絵 しっぽいっぽん ★♪□☆♡
77 たかはしけいこ詩集 高田三郎・絵 おかあさんのにおい ♡♣□
78 星乃ミミナ詩集 深澤邦朗・絵 花かんむり ♥☆♡
79 佐藤照雄詩集 津波信久・絵 沖縄 風と少年 ☆♡★
80 相馬梅子詩集 やなせたかし・絵 真珠のように ♥★
81 小島禄琅詩集 深沢紅子・絵 地球がすきだ ★
82 鈴木美智子詩集 黒澤梧郎・絵 龍のとぶ村 ◇★♥
83 いがらしれいこ詩集 高田三郎・絵 小さなてのひら ☆
84 宮入黎子詩集 小倉玲子・絵 春のトランペット ☆★
85 下田喜久美詩集 方振寧・絵 ルビーの空気をすいました ☆
86 野呂昶詩集 方振寧・絵 銀の矢ふれふれ ★
87 ちよはらまちこ詩集 ちよはらまちこ・絵 パリパリサラダ ★
88 秋原秀夫詩集 徳田徳志芸・絵 地球のうた ☆★
89 中島あやこ詩集 井上緑・絵 もうひとつの部屋 ★
90 藤川こうのすけ詩集 葉祥明・絵 こころインデックス ☆

✼サトウハチロー賞
☼三木露風賞
♤福井県すいせん図書
▲神奈川県児童福祉審議会推薦優良図書
♠奈良県教育研究会すいせん図書
♧北海道選定図書
◇静岡県すいせん図書
◎学校図書館図書整備協会選定図書（SLBA）
✣毎日童謡賞
☘三越左千夫少年詩賞

# …ジュニアポエムシリーズ…

91 新井 和詩集 高田 三郎・絵 おばあちゃんの手紙 ☆★
92 はなわたえこ詩集 えばとかつこ・絵 みずたまりのへんじ ★♪
93 柏木恵美子詩集 武田 淑子・絵 花のなかの先生 ☆
94 中原千津子詩集 寺内 直美・絵 鳩への手紙 ★
95 髙瀬美代子詩集 小倉 玲子・絵 仲なおり ★
96 杉本深由起詩集 若山 憲・絵 トマトのきぶん ☆★◎ 児文芸新人賞
97 宍倉さとし詩集 守下さおり・絵 海は青いとはかぎらない ♧
98 石井 英行詩集 有賀 忍・絵 おじいちゃんの友だち ■
99 なかのひろ詩集 アサト・シェラ・絵 とうさんのラブレター ☆★
100 小松 静江詩集 藤川 秀之・絵 古自転車のバットマン
101 石原 一輝詩集 加藤 真夢・絵 空になりたい ☆✣★
102 小泉 周二詩集 西 真里子・絵 誕生日の朝 ☆■★
103 くすのきしげのり童謡 わたなべあきお・絵 いちにのさんかんび ☆★
104 成本 和子詩集 小倉 玲子・絵 生まれておいで ☆★✣♡♧
105 伊藤 政弘詩集 小倉 玲子・絵 心のかたちをした化石 ★

106 川崎 洋子詩集 井戸 妙子・絵 ハンカチの木 □★☆
107 柘植 愛子詩集 油野 誠一・絵 はずかしがりやのコジュケイ ✣
108 新谷智恵子詩集 葉 祥明・絵 風をください ☆◈☼♪♡✣
109 金親 尚子詩集 牧 進・絵 あたたかな大地 ☆
110 黒柳 啓子詩集 吉田 翠・絵 父ちゃんの足音 ☆★♡□
111 富田 栄子詩集 油野 誠一・絵 にんじん笛 ♡☆
112 原 国子詩集 高畠 純・絵 ゆうべのうちに ☆△
113 宇部 京子詩集 スズキコージ・絵 よいお天気の日に ○□♪☆◇★
114 武鹿 悦子詩集 牧野 鈴子・絵 お花見 ☆□
115 山本なおこ詩集 梅田 俊作・絵 さりさりと雪の降る日 ☆★
116 小林比呂古詩集 おおた慶文・絵 ねこのみち ☆
117 後藤れい子詩集 渡辺あきお・絵 どろんこアイスクリーム ☆
118 重清 良吉詩集 高田 三郎・絵 草の上 ☆□✤◆★
119 宮中 雲子詩集 西 真里子・絵 どんな音がするでしょか ✻★
120 前山 敬子詩集 若山 憲・絵 のんびりくらげ ☆★

121 川端 律子詩集 若山 憲・絵 地球の星の上で ♡
122 たかはしけいこ詩集 織茂 恭子・絵 とうちゃん ♡✤♣★
123 宮田 滋子詩集 深澤 邦朗・絵 星の家族 ☆♪
124 国沢たまき詩集 唐沢 静・絵 新しい空がある
125 池田あきつ詩集 小倉 玲子・絵 かえるの国 ★
126 黒田 恵子詩集 倉島千賀子・絵 ボクのすきなおばあちゃん ☆★♡
127 垣内 磯子詩集 宮崎 照代・絵 よなかのしまうまバス ☆♡★
128 小泉 周二詩集 佐藤 平八・絵 太陽へ ✤★♪☆♡
129 中島 和子詩集 秋里 信子・絵 青い地球としゃぼんだま ☆★
130 のろさかん詩集 福島一二三・絵 天のたて琴 ☆
131 加藤 丈夫詩集 葉 祥明・絵 ただ今受信中 ☆★
132 北原 悠子詩集 深沢 紅子・絵 あなたがいるから ♡
133 池田もと子詩集 小倉 玲子・絵 おんぷになって ♡
134 鈴木 初江詩集 吉田 翠・絵 はねだしの百合 ★
135 垣内 磯子詩集 今井 俊・絵 かなしいときには ★

△長野県教育委員会すいせん図書　✡㈶日本動物愛護協会推薦図書
◆茨城県推奨図書　●児童ペン賞

# …ジュニアポエムシリーズ…

# …ジュニアポエムシリーズ…

- 181 新谷智恵子詩集 徳田徳志芸・絵 とびたいペンギン 佐世保文学賞 ♡★◎▲
- 182 牛尾良子詩集 牛尾征治・写真 庭のおしゃべり ♡★◎
- 183 三枝ますみ詩集 高見八重子・絵 サバンナの子守歌 ☆★
- 184 佐藤雅子詩集 佐藤太清・菊池治子・絵 空の牧《まき》場《ば》 ☆★♡■◎◈
- 185 山内弘子詩集 おぐらひろかず・絵 思い出のポケット ♡★♪
- 186 山内弘子詩集 阿見みどり・絵 花の旅人 ♡★▲
- 187 原国子詩集 牧野鈴子・絵 小鳥のしらせ ♡★△◎
- 188 人見敬子詩・絵 方《はこ》舟《ぶね》地球号 —いのちは元気— ♡★◎
- 189 林佐知子詩集 串田敦子・絵 天にまっすぐ ★☆♡◎
- 190 小臣富子詩集 渡辺あきお・絵 わんさかわんさかどうぶつさん ✡♡★◎
- 191 川越文子詩集 かまだちえみ・写真 もうすぐだからね ♡★◎
- 192 永田喜久男詩集 武田淑子・絵 はんぶんごっこ ☆★◎♡
- 193 吉田房子詩集 大和田明代・絵 大地はすごい ★◎♡▲
- 194 石井春香詩集 高見八重子・絵 人魚の祈り ★♡
- 195 石原一輝詩集 小倉玲子・絵 雲のひるね ♡
- 196 たかはしけいこ詩集 高橋敏彦・絵 そのあと ひとは ★
- 197 宮田滋子詩集 おおた慶文・絵 風がふく日のお星さま ★♡◎
- 198 渡辺恵美子詩集 つるみゆき・絵 空をひとりじめ ★♡♪
- 199 宮中雲子詩集 西真里子・絵 手と手のうた ★
- 200 杉本深由起詩集 太田大八・絵 漢字のかんじ ★♡✿
- 201 井上灯美子詩集 唐沢静・絵 心の窓が目だったら ★♡
- 202 峰松晶子詩集 おおた慶文・絵 きばなコスモスの道 ★♡
- 203 高橋文子詩集 山中桃子・絵 八丈太鼓 ★♡
- 204 長野貴子詩集 武田淑子・絵 星座の散歩 ★♡
- 205 江口正子詩集 高見八重子・絵 水の勇気 ♡☆★
- 206 藤本美智子詩・絵 緑のふんすい ☆♡★
- 207 林佐知子詩集 串田敦子・絵 春はどど ♡★◎
- 208 小関秀夫詩集 阿見みどり・絵 風のほとり ☆♡★▲
- 209 宗美津子詩集 宗信寛・絵 きたのもりのシマフクロウ ♡★
- 210 かわてせいぞう詩集 高橋敏彦・絵 流れのある風景 ☆♡★
- 211 土屋律子詩集 高瀬のぶえ・絵 ただいまぁ ★♡☆◎▲
- 212 永田喜久男詩集 武田淑子・絵 かえっておいで ☆♡★
- 213 みたみちこ詩集 牧進・絵 いのちの色 ♡★
- 214 糸永えつこ詩集 糸永わかこ・絵 母です 息子です おかまいなく ♡☆★
- 215 宮田滋子詩集 武田淑子・絵 さくらが走る ♡☆★♪
- 216 柏木恵美子詩集 吉野晃希男・絵 ひとりぽっちの子クジラ ♡★◎
- 217 江口正子詩集 高見八重子・絵 小さな勇気 ♡☆★
- 218 井上灯美子詩集 唐沢静・絵 いろのエンゼル ★♡
- 219 中島あやこ詩集 日向山寿十郎・絵 駅伝競走 ★☆♡
- 220 高橋孝治詩集 高見八重子・絵 空の道 心の道 ★♡
- 221 江口正子詩集 日向山寿十郎・絵 勇気の子 ♡☆★
- 222 宮田滋子詩集 牧野鈴子・絵 白鳥よ ☆★
- 223 井上良子詩集 銅版画 太陽の指環 ★
- 224 川越文子詩集 山中桃子・絵 魔法のことば ♡☆★
- 225 西本みさこ詩集 上司かのん・絵 いつもいっしょ ☆♡

# …ジュニアポエムシリーズ…

226 おばらいちこ詩集 高見八重子・絵 ぞうのジャンボ ☆★♡
227 吉田房子詩集 本田あまね・絵 まわしてみたい石臼 ★♡
228 吉田房子詩集 阿見みどり・絵 花 詩 集 ★♡◎
229 田中たみ子詩集 唐沢静・絵 へこたれんよ ★◎
230 林佐知子詩集 串田敦子・絵 この空につながる ★♡
231 藤本美智子 詩・絵 心のふうせん ★♡
232 火星雅範詩集 西川律子・絵 ささぶねうかべたよ ★♡▲
233 吉田房子詩集 岸田歌子・絵 ゆりかごのうた ★♡
234 むらかみみちこ詩集 むらかみみちこ・むらかみあくる・絵 風のゆうびんやさん ★♡
235 白谷玲花詩集 阿見みどり・絵 柳川白秋めぐりの詩 ★♡
236 ほさかとしこ詩集 内山つとむ・絵 神さまと小鳥 ★☆♡
237 内田麟太郎詩集 長野ヒデ子・絵 まぜごはん ☆★◎♡▲
238 小林比呂古詩集 出口雄大・絵 きりりと一直線 ♡★
239 牛尾良子詩集 おぐらひろかず・絵 うしの土鈴とうさぎの土鈴 ★◎♡
240 山本純子詩集 ルイコ・絵 ふ ふ ふ ★♡☆◎

241 神田 亮 詩・絵 天使の翼 ★☆♡
242 かんざわみえ詩集 阿見みどり・絵 子供の心大人の心さ迷いながら ☆★◎▲
243 永田喜久男詩集 内山つとむ・絵 つながっていく ★☆♡
244 浜野木 碧 詩・絵 海 原 散 歩 ☆★◎♡
245 やまうち・しゅうへい詩集 山本省三・絵 風のおくりもの ☆★◎♡
246 すぎもとれいこ 詩・絵 てんきになあれ ★◎
247 冨岡みち詩集 加藤真夢・絵 地球は家族 ひとつだよ ♡☆◎★
248 北野千賀詩集 滝波裕子・絵 花束のように ♡☆★◎
249 石原一輝詩集 加藤真夢・絵 ぼくらのうた ♡★◎
250 土屋律子詩集 高瀬のぶえ・絵 まほうのくつ ♡☆★◎▲
251 津坂治男詩集 井上良子・絵 白い太陽 ☆♡★◎
252 石井英行詩集 よしだちなつ・表紙絵 野原くん ☆★♡◎▲
253 井上灯美子詩集 唐沢静・絵 たからもの ☆♡★
254 大竹典子詩集 加藤真夢・絵 おたんじょう ☆★
255 たかはしけいこ詩集 織茂恭子・絵 流 れ 星 ★♡

256 谷川俊太郎詩集 下田昌克・絵 そ し て ♡★◎
257 なんば・みちこ詩集 布下満・絵 トックントックン 大空で大地で ★◎
258 宮本美智子詩集 阿見みどり・絵 夢の中に そっと ★◎♡
259 成本和子詩集 阿見みどり・絵 天使の梯子 ★◎
260 海野文音詩集 牧野鈴子・絵 ナンドデモ ★♡
261 熊谷本郷詩集 永田萠・絵 かあさん かあさん ★♡
262 大楠翠詩集 吉野晃希男・絵 おにいちゃんの紙飛行機 ★♡♪
263 久保恵子詩集 たかせちなつ・絵 わたしの心は 風に舞う ★♡
264 みずかみさやか詩集 葉祥明・絵 五月の空のように ★♡
265 尾崎昭代詩集 中辻アヤ子・絵 たんぽぽの日 ★
266 はやしゆみ詩集 渡辺あきお・絵 わたしはきっと小鳥 ★
267 田沢節子詩集 永田萠・絵 わき水ぷっくん △★♡
268 柘植愛子詩集 そねはらまさえ・絵 赤いながぐつ ★♡
269 馬場与志子詩集 日向山寿十郎・絵 ジャンケンポンでかくれんぼ ♡★
270 内田麟太郎詩集 高畠純・絵 たぬきのたまご ★●♡

## …ジュニアポエムシリーズ…



＊刊行の順番はシリーズ番号と異なる場合があります。

ジュニアポエムシリーズは、子どもにもわかる言葉で真実の世界をうたう個人詩集のシリーズです。

本シリーズからは、毎回多くの作品が教科書等の掲載詩に選ばれており、1974年以来、全国の小・中学校の図書館や公共図書館等で、長く、広く、読み継がれています。

心を育むポエムの世界。

一人でも多くの子どもや大人に豊かなポエムの世界が届くよう、ジュニアポエムシリーズはこれからも小さな灯をともし続けて参ります。

## 銀の小箱シリーズ

四六変型

- 葉　祥明・詩・絵　小さな庭
- 若山　憲・詩・絵　白い煙突
- こばやしひろこ・詩　うめざわのりお・絵　みんななかよし
- 江口正子・詩　油野誠一・絵　みてみたい
- やなせたかし　詩・絵　あこがれよなかよくしよう
- 冨岡みち・詩　関口コオ・絵　ないしょやで
- 小林比呂古・詩　神谷健雄・絵　花かたみ
- 小泉周二・詩　辻友紀子・絵　誕生日・おめでとう
- 柏原耿子・詩　阿見みどり・絵　アハハ・ウフフ・オホホ★♡▲
- こばやしひろこ・詩　うめざわのりお・絵　ジャムパンみたいなお月さま★▲

## 小さな詩の絵本

新企画　オールカラー・A6判

- 内田麟太郎・詩　たかすかずみ・絵　いっしょに　♡★◎

## すずのねえほん

B5判・A4変型版

- たかはしけいこ・詩　中釜浩一郎・絵　わたし★◎
- 尾上尚子・詩　小倉玲子・絵　ぽわぽわん
- 糸永えつこ・詩　高見八重子・絵　はるなつあきふゆもうひとつ★　児文芸新人賞
- 山口敦子・詩　高橋宏幸・絵　ばあばとあそぼう
- あらい・まさはる・童謡　しのはらはれみ・絵　けさいちばんのおはようさん
- 佐藤雅子・詩　佐藤太清・絵　こもりうたのように♪　美しい日本の12ヵ月　日本童謡賞
- 柏木隆雄・詩　やなせたかし他・絵　かんさつ日記★♡
- マリウス・マルツィンケヴィチウス・詩　ラサ・ヤンチャウスカイテ・絵　きむらあや・訳　ちいさなちいさな♡◎★

## 銀の鈴文庫

文庫サイズ・A6判

- 小沢千恵・詩　下田昌克・絵　あのこ　♡▲

## アンソロジー

A5判

- 渡辺浦人・編　村上保・絵　赤い鳥　青い鳥♪
- わたげの会・編　渡辺あきお・絵　花ひらく★
- 西木曜会・編　真里子・絵　いまも星はでている★
- 西木曜会・編　真里子・絵　いったりきたり♡
- 西木曜会・編　真里子・絵　宇宙からのメッセージ
- 西木曜会・編　真里子・絵　地球のキャッチボール★◎
- 西木曜会・編　真里子・絵　おにぎりとんがった☆★◎
- 西木曜会・編　真里子・絵　みぃーつけた♡★◎
- 西木曜会・編　真里子・絵　ドキドキがとまらない
- 西木曜会・編　真里子・絵　神さまのお通り★
- 西木曜会・編　真里子・絵　公園の日だまりで★♡
- 西木曜会・編　真里子・絵　ねこがのびをする♡★

## 掌の本 アンソロジー

A7判

- こころの詩Ⅰ　品切
- しぜんの詩Ⅰ
- いのちの詩Ⅰ　品切
- ありがとうの詩Ⅰ　品切
- 詩集　希望
- 詩集　家族
- いのちの詩集―いきものと野菜
- ことばの詩集―方言と手紙
- 詩集―夢・おめでとう
- 詩集―ふるさと・旅立ち

## 掌の本

A7判

- 森埜こみち・詩　こんなときは！